本书为国家社会科学基金项目：图书馆服务"双
模式设计及绩效评估研究成果 （项目编号17BT(

图书馆服务

"双创"的模式设计及绩效评估研究

◉ 刘巧英 著

郑州大学出版社

图书在版编目(CIP)数据

图书馆服务"双创"的模式设计及绩效评估研究 / 刘巧英著. — 郑州：
郑州大学出版社，2022.8(2024.6 重印)
ISBN 978-7-5645-8760-4

Ⅰ. ①图… Ⅱ. ①刘… Ⅲ. ①图书馆服务-研究 Ⅳ. ①G252

中国版本图书馆 CIP 数据核字(2022)第 096457 号

图书馆服务"双创"的模式设计及绩效评估研究
TUSHUGUAN FUWU "SHUANGCHUANG" DE MOSHI SHEJI
JI JIXIAO PINGGU YANJIU

策划编辑	骆玉安　申丛芳		封面设计	苏永生
责任编辑	申丛芳		版式设计	苏永生
责任校对	王晓鸽		责任监制	李瑞卿

出版发行	郑州大学出版社		地　址	郑州市大学路 40 号(450052)
出 版 人	孙保营		网　址	http://www.zzup.cn
经　销	全国新华书店		发行电话	0371-66966070
印　刷	廊坊市印艺阁数字科技有限公司			
开　本	710 mm×1 010 mm　1 / 16			
印　张	13		字　数	195 千字
版　次	2022 年 8 月第 1 版		印　次	2024 年 6 月第 2 次印刷

书　号	ISBN 978-7-5645-8760-4		定　价	59.00 元

前　言

　　当前,我国经济增长动力不足是经济发展的核心问题,创新创业已成为推动产业结构升级、促进传统产业与新兴产业跨界融合的内在需求和现实选择。近些年,从国家层面到地方各级政府都出台了众多关于"创新创业"的政策,大力扶持"创新创业"活动的开展,促进产生新的供给和创造新的财富。作为拥有资源优势、人才优势和服务经验优势的图书馆来说,面对"大众创业、万众创新"的新型社会构建,图书馆已积极响应国家政策的号召和指引,充分发挥图书馆的社会职能,勇于承担其在社会公共文化服务体系中的责任和使命,突破传统信息服务理念,依托互联网的新方法、新技术积极开拓创新服务模式,因地制宜地开展面向创新创业用户的各类服务,帮助创新创业用户提高竞争力和创新创业的成功率,为创新创业活动保驾护航。

　　蓬勃发展的创新创业活动促使图书馆从信息存储向知识产出转变、从信息咨询向知识咨询转变、从一般知识服务向知识发现服务转变、从情报服务向数据服务转变,同时,图书馆的服务也能助力创新型人才的培养、助力创新创业文化的形成、助力创新创业活动的成功。基于此,多方面调研不同创新创业主体的服务需求和三大类图书馆(公共图书馆、高校图书馆、专业图书馆)提供创新创业服务的现状,找山需求与服务之间的矛盾点,并分析矛盾点存在的原因,进而设计基于地方政府、科研人员、中小企业、大学生、社会个体创新创业服务需求的不同服务模式,在每个服务模式中注重不同创新创业主体的特征及服务需求特点,使服务模式更具针对性和适用性。不管哪种服务模式都需在良性的服务体系中才能顺利实施,在兼顾重点与特色、注重共享与共赢、重视前瞻性和功能性、统筹普适性和精准性、强调动态性和网络性的原则下,从服务体系的五要素进行五层次的服务体系组织架构和技术实现路径探讨,构建系统性、适用性、开放性、多层次的科学服务体系,并建立目标激励机制、信息流转机制、价值增值机制、协同共享机制、评价反馈机制等多项运行机制以保障服务体系的良性循环。服务体系运行的效果决定了服务能力的大小,而能力又受多种因素的影响,通过研究假设的提出,构建图书馆服务创新创业的能力影响因素模型,并运用数据分析软件进行数据及模型检验,得出服务体系中资源因素对服务能力的影响较大,人的因素中服务馆员的知识因素、创新创业主体的关系资本因素对服务能力的影响较大等结论。

服务绩效评估是考核服务能力的重要手段,依据图书馆服务"双创"的特点,从管理绩效、经济绩效、技术绩效、社会绩效和可持续发展绩效的具体内容构建了由 14 个二级指标、67 个三级指标组成的图书馆服务"双创"的绩效评估指标体系,并对评估方法的选择、评估主体的选定、评估标准的确立、评估运行机制的建立、评估结果的运用、评估影响因素、评估应对策略等进行了研究,以促进图书馆服务"双创"绩效评估功能和评估目标的完整实现,即提高图书馆服务"双创"的能力及服务效果。

本书为国家社会科学基金项目:图书馆服务"双创"的模式设计及绩效评估研究成果(项目编号 17BTQ034)。由中原工学院刘巧英组织完成,在编写过程中,参考了大量的中外文参考文献,由于篇幅有限,未能一一列出,在此对相关作者表示感谢。

刘巧英

2022 年 2 月

目 录

1 绪 论

1.1 研究背景及意义

1.1.1 研究背景

自 2014 年 9 月国务院总理李克强提出"大众创业、万众创新"以来,"双创"理念逐步深入人心,"双创"已成为新常态下经济增长的新动力和社会繁荣的新源泉。从国家层面到地方各级政府都出台了众多关于"创新创业"的政策,大力扶持"创新创业"活动的开展,促进产生新的供给和创造新的财富。随着各地各部门对"创新创业"政策的认真贯彻落实,业界学界也纷纷响应,积极探究并付诸实践。但是,目前的创新创业活动存在些许问题,如因缺乏准确的商业情报信息盲目创新,因缺少专业导师指导而偏离创新方向;或项目立项前未进行查重查新,造成立项失败;或不知技术研究成果如何申请知识产权保护,如何进行社会转化;或只关注了大项目的创造,而忽视了小项目的创新;等等。最终造成原本轰轰烈烈的创新创业活动草草收尾,变成短暂的实践活动。存在的诸多问题说明创新创业应是高质量、理性的创造,不是跟风和空想,也不应盲目和随意,而应在专业的情报信息服务、精确的数据服务、科学的创新创业评估服务、高效的科技查新服务等前提下进行合理规划和科学定位。

作为拥有资源优势、人才优势和服务经验优势的图书馆来说,面对"大众创业、万众创新"的新型社会构建,图书馆应积极响应国家政策的号召和指引,充分发挥图书馆的社会职能,勇于承担在社会公共文化服务体系中的责任和使命,突破传统信息服务理念和服务模式,改变以往人们对图书馆服务表面化和低层次的认识,积极开拓创新服务模式,依托互联网的新方法、新技术加快转型,延伸服务范围及内容,因地制宜地开展面向创新创业用户的各类服务,帮助创新创业用户提高竞争力和创新创业的成功率,为创新创业活动保驾护航。创新创业群体多样,有企业、科研者,也有大学生和社会大众,且其需求内容丰富,呈动态多样化特征。图书馆面向不同创新创业用户的服务模式该如何设计?其服务角色、服务定位、服务范围该如何重新确立?如何利用互联网思维创新服务内容为创新创业用户提供资源保障、智力支持和展示平台?如何从服务资源、服务平台、服务空间、服务设施的配备,到服务资金的来源和运行、服务流程和服务质量的管理、服务运行的风险控制等保障"双创"服务的有效实施?如何考核及评估双创的服务成效?一系列"双创"活动中的理论问题和实践难题都值得学术界、图书馆界认真思考和研究,这也是该课题选题的出发点。

1.1.2 研究意义

该课题顺应时代发展需求,将"图书馆"放入与其他信息服务机构一样的创新创业大环境中,研究图书馆服务"双创"的模式设计及绩效评估。本选题的研究与探索对于我国图书馆服务创新建设之路有一定的价值与意义。

(1)学术价值

该课题除了丰富、完善图书馆服务理论,还丰富和完善图书馆的社会价值理论。首先,以"双创"用户对图书馆服务的需求为基础,构建基于不同创新创业主体需求,以及创新创业主体参与和主导的服务模式和服务体系,强调服务体验,丰富当前图书馆服务创新的学术研究成果。其次,对图书馆服务"双创"的成效进行评估测评,进一步拓展和完善图书馆服务的理论体系和研究内容。最后,从提供创新创业服务强化图书馆的社会职能,丰富图书馆的社会价值理论。

(2)应用价值

该课题针对创新创业活动中出现的诸多问题进行调研分析,总结图书馆在"双创"服务实践中的不足之处,探索提升服务效果的模式和对策,以满足不同创新创业用户的多样信息服务需求,所以该课题的研究有助于驱动社会发展创新,助力创新创业用户的价值实现。其研究成果也将会为图书馆管理者提供决策参考依据,为各类图书馆面向"双创"开展实践服务提供方法指导,为图书馆服务创新提供方向。

1.2　国内外图书馆服务"双创"的现状概述

1.2.1　国外图书馆服务"双创"的现状

（1）国外图书馆服务"双创"的研究起源及进展

国外研究者在20世纪80年代初就开始开展公共图书馆为创业企业服务的研究。研究者除了从理论上分析公共图书馆服务能带动小企业和地区经济发展外,更多的是采用实证调查的方式来研究公共图书馆与企业创新创业发展之间的关系。如1986年,美国的Martyn等人[①]的研究指出公共图书馆开展的信息服务对于小企业的发展有很大帮助。Dalton[②]指出公共图书馆对南非的小企业的发展有至关重要的作用。英国的Wallance和Eileen的研究[③]指出公共图书馆要为经济发展缓慢地区的小企业主提供商业信息服务。Vaughan等人[④]对加拿大安大略地区的180多个小企业进行问卷调查,检验公共图书馆提供的信息服务与企业成功经营之间的关系。近些年的研究主要集中在创新创业服务环境建设、创新创业服务合作网络体系建设、创新创业服务政策体系建设等方面。总之,国外公共图书馆重视服务创新创业的理论研究和实践探索,服务体系相对比较成熟。

国外大学图书馆开展创新创业服务的研究可追溯到20世纪50年代。1959年,美国Nelson和Arrow的研究[⑤]认为,高校乃至高校图书馆对科技创

---

① Trott F, Martyn. Aninfommtion service fors mallfirms from public library base[J]. Aslib proceedings,1986(2):43-50.

② Dalton G. The small business owner and the role of public library[J]. Mousaion,1989(1):24-39.

③ Wallace,Eileen. Running a business information service for a rural communityfrom a public library[J]. Business Information Review,2003(3):158-167.

④ 胡念. 公共图书馆服务农民创业研究[D]. 天津:南开大学,2010.

⑤ Richard R. Nelson. The simple economics of basic scientific research [J]. Journal of Political Economics,1959,67(3):37-41.

新的支持是必然的。英国的 Mickael Polanyi① 对缄默知识和科学研究进行了系统的分析和探究,关注学校教育与知识管理的关系。日本的管理学家野中郁次郎②提出了知识转化的"SECI"模型。在现有的国外文献中,虽然研究大学图书馆对科技创新的支持和服务的成果不多,但这些学者在知识创新领域的研究为图书馆服务创新创业提供了基础理论指导。近些年,随着信息技术的飞速发展,通过不同的模式为创新创业服务也逐渐成为国外大学图书馆研究的课题,研究也更为细化。国外大学图书馆重视对科技创新的支持和服务,往往通过培育项目促进创新创业,经验丰富,很受欢迎。

(2)国外图书馆服务"双创"的实践应用

1)为企业创新创业服务的实践

纽约公共图书馆的"科学、产业与商业分馆"专注于创业、创新和中小企业服务。大英图书馆的"商业与知识产权中心"更是专注于中小企业服务,特别是为创业服务。除英美外,加拿大、澳大利亚、新西兰、丹麦等国家的很多公共图书馆也很早就开展了企业信息服务。一些条件好、积累丰富的国外大学图书馆为社会开展信息服务比国内早很多年。在为企业服务过程中,重视给企业用户提供针对性需求服务,尤其是一些新创企业。在为企业创新创业服务模式上,图书馆注重与当地其他商业服务机构的跨界合作,采用多种模式服务不同类型企业。在为企业创新创业的服务内容上,有共同点也有差异,除提供常规的信息服务外,更重视提供深层次如市场分析报告、商业计划书等知识服务,还提供项目孵化服务,如 2016 年,美国图书馆协会发布了《人民的孵化器——图书馆推动创业》白皮书,指出图书馆可在商业计划、市场研究、资本投资、知识产权、企业运营等方面为创业者提供知识、技术及人力资源援助。英国的爱丁堡市立图书馆通过与商业机构建立合作,在"市中心复兴"基金的支持下设立了"创业港"。自创业港开办以来,已经主办了近两百场工作坊,有两千多名创新创业人士参加,孵化多家初创企业,极大地提升了图书馆的影响力。

① 杨新建.缄默知识观照下的课堂教学理想[J].教学与管理,2012(24):13-15.

② Nonaka Ikjurio. The knowledge-creating Company:How Japanese Companies Creat the Dynamics of Innovation[M]. Oxford:Oxford University Press,1995.

2）为创新创业大众提供数据及培训服务实践

在信息社会,数据已成为一种资源为各行各业所利用,对创新创业者也不例外,对数据资源的掌握和利用已成为创新创业者进行项目科学规划和实施、提高竞争力的努力方向。基于此,图书馆面向创新创业者提供数据资源服务,尤其是开放数据资源成为各图书馆的重要服务内容。如美国的丹佛市图书馆综合利用图书馆数据、政府文件、本地法规报告、行业性报纸等地区性数据资源向社区公众提供服务。除此之外,还提供数据分析服务,如波士顿图书馆利用规划局提供的数据进行多种分析,分析移民对经济与促进就业的贡献,并开设展览吸引市民关注。与此同时,重视开放数据资源的提供,国外很多图书馆不仅制订了开放数据计划,还开展相关的服务活动,如达拉斯公共图书馆利用图书馆与政府的各类开放数据资源为企业、非营利性机构提供资助与合作信息资源导航。

为了加强创新创业者的商业知识和管理能力,提高其创新创业成功率,创新创业培训实践活动也成为众多图书馆的服务内容。如美国成立由退休企业家和商界领袖组成的公益组织——退休企业高管服务团队,与各地图书馆合作,开展多种多样的创业培训、研讨会和商业座谈,传授创新创业者所需的知识和技能。纽约公共图书馆的金融素养中心通过金融素养培训教育,协助创业者掌握财政金融、投资税收等财务知识和财务管理技能,为创业团队后期稳步发展夯实基础。纽约皇后图书馆的职业与商业研究院,通过其商业发展门户网站"职业地图"（Job Map）开展求职就业研讨会预约、求职就业援助和职业规划咨询等服务。

3）提供创客空间和共享工作空间的服务应用

国外图书馆尤其是美国图书馆对创客空间的规划建设、服务环境、运营模式,以及管理机制的研究和实践都走在国际前列。如2011年,美国法耶特维尔公共图书馆首家建立了"Fab Lab"创客空间,在其影响下,创客空间的建设迅速扩展到其他公共图书馆,如印第安纳州阿伦县公共图书馆的"Tek Venture"创客工作站、伊利诺伊州乌尔班纳图书馆的Fabbrication Laboratory、Dela Mare科学与工程图书馆的Makerplace等。其他国家大学图书馆的创客空间建设也不甘示弱,2012年,加拿大的达尔豪斯大学（Dalhousie

University)图书馆建立了"Pilot Project"创客空间、密歇根大学(Mochigan University)图书馆建立了"3D Lib"空间、玛丽华盛顿大学(Mary Washington University)图书馆建立了"Think Lib"空间等,不同名称的图书馆创客空间建设一时间发展迅速。

近年来,欧美国家流行共用工作空间(Coworking Space),共用工作空间是一群不同背景、怀揣创业梦想的人在同一场所工作,不同领域的团队和个人资源都得到了充分交流和利用。全美一半的公共图书馆利用自己的空间、设备、文献资源优势为创业者提供办公场所,为流动工作者提供办公空间。如哥伦比亚特区公共图书馆的数字梦想公共实验室(Digital Commons Dream Lab)、马里科帕县图书馆古伊尔分馆创新中心(Innovation Hub)、梅萨公共图书馆的 THINKspot 等都是有代表性的公共图书馆共用工作空间。除此外,有的国家还建设有移动创客空间,如荷兰弗里斯兰省的 FryskLab,是欧洲首个移动图书馆创客空间。美国圣何塞公共图书馆移动创客空间 Maker [Space] Ship,被称为移动创新工作坊,用户可在线申请让其停留的位置及服务时间。

总之,国外以某一创新创业项目为对象进行的研究和实践成果较多。公共图书馆服务创业企业的研究多于大学图书馆服务创业企业的研究,大学图书馆多将创新创业服务融合到教育教学、科研活动中。无论是公共图书馆,还是大学图书馆,其在创新创业服务方面的研究和实践成果多次被国内学者作为案例进行分析引用。

1.2.2 国内图书馆服务"双创"的现状

(1)国内图书馆服务"双创"的研究进展

国内公共图书馆和专业图书馆面向大众的创业服务研究主要集中在近十几年。2007年,唐彬、刘亚晶[①]对公共图书馆推广创业服务模式进行了研

---

① 唐彬,刘亚晶.创业帮扶信息服务推广模式研究[J].图书馆学研究,2007(11):76-77,75.

究;李妮(2007)①进行了图书馆为企业创业开展信息服务方式方法的研究;李海育(2009)②进行了基层公共图书馆引导农民致富的研究;方成罡(2012)③在研究中强调为科技创新服务是公共图书馆服务工作中的重中之重。2014 年,"双创"概念提出后,图书馆积极探索围绕"创新创业"服务的开展,从创客空间建设到创新创业平台构建,从创新创业内容到创新创业服务模式,从创新创业服务人群模式到创新创业服务策略等多个方面进行着丰富的理论研究。如胡婷婷(2016)④研究了"双创"背景下公共图书馆面向政府、企业、科研院所等不同对象开展知识服务的模式;贾苹(2017)⑤等学者论述了中科院文献情报中心的"科技创新创业服务平台"以图书馆信息服务数据分析为主要形式的科技创新创业知识服务模式;周卿、金红亚(2018)⑥进行了公共图书馆服务创新创业人群新模式的探索;关海燕(2021)⑦进行了公共图书馆服务中小企业创新的知识服务体系构建研究。公共图书馆面向大众的创新创业服务研究主要从社会功能分析了图书馆提供创新创业信息的必要性,提出了服务的原则及方法,但缺少对服务对象的细分。不同的群体在创新创业中,由于自身的素质和能力,以及社会生活环境的不同,对创新创业信息的接受和使用能力也会不同,这些因素都将直接影响其创新创业的效果。

相比公共图书馆,高校图书馆的创新创业服务研究成果丰硕。自 1998

---

① 李妮.关于图书馆开展创业信息服务的思考[J].南华大学学报(社会科学版),2007(2):111-113.

② 李海育.基层公共图书馆引导农民创业致富的思考[J].农业图书情报学刊,2009,21(3):124-126.

③ 方成罡.论图书馆如何为人参二次创业提供信息服务[J].人参研究,2012,24(4):62-63.

④ 胡婷婷."大众创业、万众创新"背景下的公共图书馆知识服务模式研究[J].企业科技与发展,2016(5):202-204.

⑤ 贾苹,刘雅静,刘细文,等.科技创新创业早期项目平台:专业图书馆的信息服务新实践:以中国科学院文献情报中心为例[J].图书馆杂志,2017,36(6):14-22.

⑥ 周卿,金红亚.公共图书馆服务创新创业人群新模式探索[J].图书馆杂志,2018,37(5):62-66,97.

⑦ 关海燕.公共图书馆面向中小企业创新的知识服务体系构建[J].图书情报导刊,2021,6(6):23-27.

年清华大学创业计划大赛以来,学者开始对高校图书馆围绕大学生就业创业服务展开研究,主要围绕就业服务,研究内容集中在情报服务、创业能力培养、案例分析、创业存在的问题等方面,但研究成果较少。2002年,教育部确定了清华大学等9所大学为我国创业教育试点院校后,高校图书馆开展创业服务研究才开始起步,研究内容主要围绕图书馆服务大学生创业教育,如高淑宏(2003)①提出高校图书馆及资料室要利用各自的文献与信息,尽力为创业教育服务;王舒元(2004)②以高等学校实施创业教育为切入点,多角度、深层次地探讨了图书馆在创业教育中的地位和作用,以及面对创业教育应采取的措施。任玉梅、秀玲(2011)③从六个方面具体论述了高校图书馆如何为创业教育提供优质服务。2012年教育部颁发了《"十二五"期间实施国家级大学生创新创业训练计划》的通知,学术界、图书馆界对高校图书馆服务创新创业的研究逐渐升温,研究内容从创业教育服务扩展到为就业创业服务,从创新创业人才培养服务扩展到创客空间建设,研究内容逐渐丰富。2014年,随着"双创"概念的提出,学者对"双创"背景下高校图书馆的服务角色、服务定位、为创业教育服务、服务创新等研究问题再次关注,如邓腾彬(2016)等④分析了高校图书馆在大学生创新创业中的角色与作用;翁畅平(2018)⑤提出了空间再造的三种模式;刘译阳,王峥和杨雨师(2020)⑥提出了创新创业服务知识库的构建模式。近几年,高校图书馆围绕创新创业的研究内容主要集中在为创业服务的策略、高校图书馆的知识服务转型、为创新创业服务的方法、为创新创业服务的现状分析、创客空间的价值分析等方面。

---

① 高淑宏.图书馆、资料室要为创业教育服务[J].图书馆建设,2003(4):90-95.

② 王舒元.创业教育与高校图书馆发展[J].江西图书馆学刊,2004(4):14-15.

③ 任玉梅,秀玲.基于创业教育视阈下高校图书馆优势服务建设[J].江西图书馆学刊,2011(2):54-58.

④ 邓腾彬,曹学艳,李雪梅,等.高校图书馆在大学生创新创业中的角色与作用[J].图书情报工作,2016,60(S1):19-22.

⑤ 翁畅平.高校图书馆空间再造功能定位与发展模式研究[J].图书馆学刊,2017,39(12):85-89.

⑥ 刘译阳,王峥,杨雨师.高校图书馆创新创业信息服务驱动下知识库构建模式研究[J].情报科学,2020(2):109-115.

（2）国内图书馆服务"双创"的实践应用

1）创客空间的建设实践

我国图书馆创客空间的建设最先出现于公共图书馆。2013 年 5 月,上海图书馆率先推出"创·新空间",同年 7 月,中国科学院成立了"创意空间",2014 年长沙图书馆搭建"新三角创客空间",2015 年成都图书馆成立"阅创空间",其他省级公共图书馆也相继开展了创客空间服务。在创客运动的影响下,高校图书馆以自身的空间资源优势也开始构建创客空间,支持大学生的创新创业教育和创新创业实践。如 2015 年天津大学北洋园校区图书馆建设的"长荣健豪文化创客空间"、上海交通大学闵行校区图书馆的"交大—京东创客空间"、三峡大学图书馆的大学生创客空间、哈工大图书馆的创意工厂等。[①] 龚雪竹[②]通过调研发现,目前我国大部分公共图书馆的创客空间服务是以创新、创造为主,少部分有创业服务。仅有一部分图书馆开展与创业相关的项目孵化服务,如成都市图书馆的"阅创空间"。有些也提供创客办公区,如辽宁省图书馆的"众创空间"。有些公共图书馆对移动创客空间也有涉足,如清华大学联合青橙创客设计的移动创客空间、广州越秀区图书馆的"盒子空间"等。高校图书馆创客空间的建设及运营在进入新的发展阶段的同时,也显现出空间建设特色不足、服务内容单一、技术设备缺乏等共性问题。

2）创新创业平台的构建应用

在数字图书馆建设的基础上,公共图书馆建立创新创业服务平台已不是难事。上海图书馆早在 2009 年就推出"创之源@上图"服务平台,为中小企业提供各类信息服务。2014 年又推出"产业图书馆"公益普惠型服务平台。其中"产业图书馆"的合作单位多是华东理工大学科研工作者,一些项目的过万访问量充分说明了此平台的应用推广效果不错。中国科学院文献情报中心的科技创新创业服务平台,通过实践活动提供信息服务、数据分

① 吴卫华,孙会清,崔继方,等."双创"背景下高校图书馆创客空间建设模式及运营策略研究[J].图书馆工作与研究,2020(3):43-48,67.

② 龚雪竹.国内公共图书馆创客空间发展现状调查研究[J].图书馆学研究,2017(24):60-66.

析、技术趋势分析等专业知识服务,吸引了众多创新创业者、投资方、科研工作者及媒体人的积极参与,初步形成了以图书馆信息资源为依托、图书馆信息服务数据分析为主要形式的科技创新创业知识服务模式,效果显著。国家图书馆成立的企业信息服务中心,提供舆情分析、媒体分析和行业知识库等专业信息服务。

高校图书馆独立建设的创新创业平台在国内不多,比较有特色的如华南理工大学图书馆的"智慧华图"智库平台,平台通过宣传引导有创新创业想法的学生积极参与校内外的各种创新创业活动。目前"智慧华图"平台承担多项校内外创新创业研究课题,并对项目进行了科学规范的管理。除独立建设外,还会联盟参与创新创业平台的建设,如西安交通大学图书馆参与的包括自己在内的六个协作单位共建的"一体六翼"的西安图书馆众创科技分馆,这是一个服务于创新创业用户的、崭新的一流科技信息(情报)服务平台,是西安市创建"国家公共文化服务体系示范项目"制度设计的标志性成果,也是西安市公共图书馆服务产品"一体六翼"供给侧结构性改革的重要内容,聚合六个机构在专业人才、信息情报、社会资本、物理空间和管理经验等方面的优势资源为创新创业主体提供服务。

3)服务大学生创新创业教育的实践

学者江新将高校图书馆面向创新创业教育的发展历程归为意识唤醒阶段(2002—2010 年)、举措优化阶段(2011—2015 年)、创客空间建设与服务阶段(2013—2018 年)、精准知识服务阶段(2018 年至今)四个阶段。① 随着时间的推移,创新创业教育服务的目标对象及内容越来越清晰和精准。在政策环境方面,2015 年国务院办公厅发布了《关于深化高等学校创新创业教育改革的实施意见》,吹响了高等学校创新创业教育改革的号角,也加速了高校图书馆服务大学生创新创业教育的步伐。各高校图书馆开始从资源服务、创业培训、实验教学平台、创业实践平台、创客社团服务、创新创业活动组织等多个方面聚焦大学生的创新创业教育服务,并已初步形成以信息服务为核心的创新创业教育服务体系。也有以基地形式进行创新教育,如常

---

① 江新.高校图书馆创新创业教育服务的动因、历程与路径研究[J].图书馆界,2020(5):39-43.

熟理工学院图书馆与南京大学信息管理学院联合承担的由中国索引协会揭牌的"创新实践基地",该基地职责是推动我国索引业的创新发展,具体任务主要是承担与索引相关的研究开发、教育培训、索引编纂、推广普及等。[①] 也有些图书馆已形成了创新创业教育机制,如中国科技大学图书馆通过召开相关创新创业的专题讲座引发大学生深刻思考创新创业的问题,在创新创业课程设置上,学校配合图书馆开设创新创业教育慕课及创新创业类公选课程,并对课程学分进行认证管理,从知识角度给大学生传播创新创业思想,并拥有全球大学生创新创业与就业的数据库,联合学校的创新创业平台为大学生提供理论知识的实践基地。

4)创新创业服务内容及模式的实践探索

自"双创"提出后,全国各地有条件的图书馆开始进行创新创业服务的积极探索。在服务资源上,我国图书馆大多购买或自建有多种数据库资源,但创新创业的专有资源量不够,如多数图书馆缺少创新创业培训课程资源。在服务内容上,有一般的信息资源服务、教育培训指导服务、信息咨询服务、创客空间服务,也有具有知识性的竞争情报分析服务、智库服务、学科服务、知识产权服务,还有具有挑战性的项目孵化服务、专利成果转化服务等。国内一些经济基础较好、技术较强的图书馆,通过各种服务内容支持创新,点燃创业。但经调研发现,存在服务针对性不强、知识性不够、灵活性不足、用户参与的创新创业服务还不够广泛和深入等问题,致使一些创客空间略显荒废,创新创业平台用户区活跃度不高等。在服务模式上,我国图书馆因其服务对象和群体、服务领域的不同,以及图书馆自身情况不一,为创新创业提供的服务模式也不尽相同,现有模式如表1-1所示。

服务内容及模式的探索表明国内图书馆在落实国家创新驱动发展战略的主动担当和积极作为,不同模式的应用是不同图书馆根据自身情况做出的不同选择。每一种服务模式均具有优缺点,对图书馆的资金、技术、人员、资源等也都有一定的条件要求。无论哪种服务模式,若想获得创新创业主体的充分信任和长期黏合,不仅需要图书馆领导者远瞩高瞻地进行创新创

---

① 王雅戈,叶继元,黄建年,等.常熟理工学院索引学社的创新创业实践[J].图书馆论坛,2019,39(11):51-53.

业服务的顶层设计,更需要创新创业者的积极参与和分享传播,共同促进创新创业的可持续发展。

表1-1 图书馆服务"双创"的模式分类

分类依据	服务模式	表现形式
服务内容	基础信息服务模式	资讯、数据库资源等基础信息服务
	知识服务模式	技术评估、专利成果转化、知识产权服务等深层次知识服务
服务支持	独立服务模式	图书馆自己独立开展服务
	协作服务模式	与其他情报机构、孵化器、社会其他机构、企业等协作提供服务
服务主导	创意主导服务模式	定位为激发用户创意灵感
	创业主导服务模式	定位为促进创业项目转化
服务场所	线下空间服务模式	图书馆内创客空间场所服务
	线上创新创业平台服务模式	创新创业平台线上服务
服务组织	中心专门服务模式	成立图书馆企业服务信息中心、产业图书馆等专门服务"双创"
	兼顾统筹服务模式	未单独成立新的专门服务部门,只是在原有服务部门基础上拓展创新创业项目
服务战略	单打独斗战略服务模式	图书馆内部制定"双创"服务战略,独自完成
	强强融合战略服务模式	多种类型机构融合提供服务,如西安图书馆众创科技馆
服务费用	免费服务模式	对所有服务项目都免费
	收费服务模式	部分高层次服务项目收取费用

1.3 研究内容、方法与技术

1.3.1 研究内容

(1)"双创"用户与图书馆的交互现状调研

广泛调研"双创"用户的服务需求及图书馆(主要为公共图书馆、高校图书馆、专业图书馆)为创新创业服务的现状,找出两者之间的矛盾点及阻碍创新创业服务发展的主客观因素,结合"双创"用户需求对图书馆服务进行新的定位和服务设计。

(2)图书馆服务"双创"的模式设计

以创新创业的主体类型为分类依据,设计面向政府创新的服务模式、面向中小企业创新创业的服务模式、面向科研单位创新的服务模式、面向社会大众创新创业的服务模式、面向大学生创新创业的服务模式等。在每一种不同的服务模式中,强调以创新创业者的需求为中心,设计满足不同需求目的的图书馆服务模式,突出创新创业中的人文化和人本化,注重创新创业主体的体验,提高创新创业主体的参与度。

(3)图书馆服务"双创"的体系构建

不同服务模式的实现需在一定的服务体系内完成,从创新创业服务体系的构建要素,即人员、资源、技术、空间和管理,到服务体系的构建框架,即目标层、技术层、资源层、服务层和需求层;从服务体系的构建技术到构建策略,再到服务体系运行的保障机制,构建科学合理、功能完善的服务体系,指导"双创"服务的行为流程,保障高质量服务的供给,促进各种服务模式的高效运行。

(4)图书馆服务"双创"的能力影响因素分析

图书馆服务"双创"的能力是由服务"双创"的体系决定的,服务"双创"能力的大小直接影响图书馆服务"双创"的效果。通过提出假设进行影响因素的分析,再通过问卷调查进行数据分析和数据验证,分析服务"双创"的能力影响因素之间的作用关系,为图书馆服务"双创"的策略提出奠定基础,为服务"双创"的绩效评估指标的制定提供参考依据。

(5)图书馆服务"双创"的绩效评估

首先,从绩效评估的理论指导着手,分析基于服务能力的图书馆服务"双创"的绩效评估内容,即管理绩效、经济绩效、技术绩效、社会绩效和可持续发展绩效。其次,依据绩效评估内容构建科学合理的评估指标,并运用德尔菲法对评估指标进行权重计算,研究适合图书馆服务"双创"特点的绩效评估方法。最后,对图书馆服务"双创"绩效评估的组织实施进行研究,分析服务"双创"的绩效评估影响因素,并提出相应的对策,以提高绩效评估结果的信度和效度,达到图书馆服务"双创"绩效评估的目的。

1.3.2 研究方法

(1)综合分析法

综合分析法主要通过文献调研、内容分析和社会调查相结合的方法,对相关成果进行整理,采用因子分析和比较研究法进行服务"双创"模式设计前的理论分析和数据分析。

(2)系统科学法

将图书馆服务"双创"作为一个系统,对系统内各要素进行科学分析,并对各要素之间的相互作用、相互制约进行研究,提出服务体系的构建策略使各要素以最佳方式相互结合、自由组配形成良性循环的服务模式体系。

(3)定量分析法

应用结构方程软件 SmartPLS3,采用偏最小二乘法(Partial Least Square)进行能力影响因素模型检验,用定量分析的方法增强研究的可靠性,克服理论研究的不足,确保研究成果的严谨性。

1.3.3 技术路线

首先,围绕"双创"用户的情报服务需求进行广泛调研。其次,从资源、服务、管理、平台等方面设计面向不同"双创"主体的服务模式,并结合外部环境和保障机制进行服务实施。最后,设计基于能力提升的图书馆服务"双创"的绩效评估体系。具体思路如图 1-1 所示。

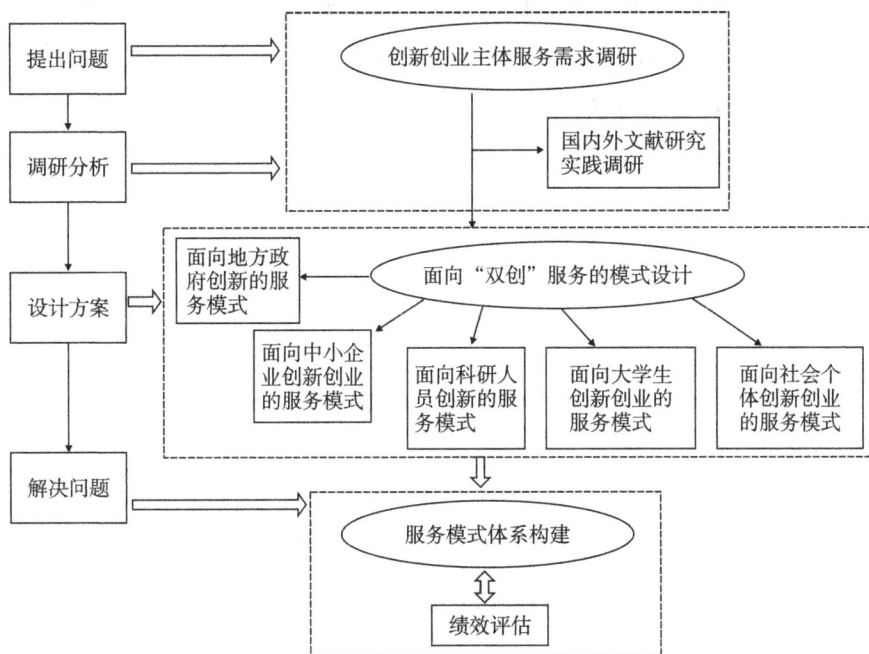

图 1-1　课题技术路线

1.4　创新点

1.4.1　设计面向不同创新创业主体的"双创"服务模式

尽管目前各类图书馆围绕创新创业不同程度地开展着服务,但纵观现有研究成果及实践内容,总体呈现出研究主题零散、实践随意的状态,有应景之嫌。"双创"的蓬勃实践为图书馆服务转型发展提供了契机,设计面向不同创新创业主体的服务模式,不仅可为探索中的图书馆"双创"服务创新指出方向,还将为图书馆"双创"服务的未来发展模式提供参考。

1.4.2　提出图书馆服务"双创"的绩效评估方案

红红火火的创客空间服务、创业培训服务、创客平台服务等,其效益如何、社会评价怎样、用户满意度如何,没有很好的考评工具和体系标准。课题提出服务"双创"绩效评估的指标体系及评估实施方案,为图书馆服务"双创"的实践活动提供考评的工具,通过考评及时发现问题,提出改进措施,助推"双创"服务的优质和高效。

2 创新创业与图书馆服务

2.1 创新创业的提出及含义

当前,我国经济增长动力不足是经济发展的核心问题。能直接推动产业结构升级,促进传统产业与新兴产业跨界融合的创新创业成为经济发展进入新常态的内在需求和现实选择。如习总书记所说:创新是社会进步的灵魂,创业是推动经济社会发展、改善民生的重要途径。在 2015 年的《政府工作报告》中,明确将"大众创业、万众创新"作为经济增长的新引擎,通过激发每个人的创造力和智慧提升生产要素配置效率和市场活力,创新创业也成为全面深化改革的重要成果和落脚点,更是政府转型背景下宏观调控方式的创新。

"大众创业、万众创新"指出当今时代既是创新的时代,又是创业的时代,创新创业不再是少数人的专业,而是多数人的机会,创新创业成为引领新常态、实现新发展的动力。创新创业成为集某一点或几点创新而进行的活动,既不同于单纯的创新,也不同于单纯的创业。创新强调的是开创性和原创性,创业强调的是通过实际行为获取利益的行为。因此,在创新创业中,创新是创新创业的特质,创业是创新创业的目标,创新是创业的基础和前提,创业是创新的体现和延伸。创新创业具有新颖性、主动性、艰难性和影响性四个特性,同时具有高风险、高回报、促进上升的特点。

2.2 图书馆情报角度创新创业的内涵及特点

在习近平新时代中国特色社会主义思想的指导下,创新驱动战略逐步深入实施,新生态的创新创业已经形成,越来越多的创新创业主体广泛参与到"双创"活动中。创新创业作为一个跨学科领域的复杂活动,不同学科都可从不同的研究视角和专业特点对其进行观察和研究,这些学科包括经济学、社会学、管理学、信息学、情报学等。从图书馆情报角度来看,无论是组织创新、管理创新、服务创新,还是产品创新、流程创新、技术创新等,其本质都是一种突破,是对知识的再造,是知识和思维的具体实践。基于创新基础上的创业活动,也是不断地创新思维,突破原有思维定式进行知识的转化和交流,从而推动创业的有效开展。可见,创新创业的过程跟知识流动和知识管理是密不可分的。首先,创新创业主体需拥有自我知识范围体系促进其产生创新意识和思维,并在创新创业活动中表现出愿望和设想。其次,在创新意识的驱动下,能激发其主体性、能动性和创造性进一步发挥,通过知识的运用主导创新创业行为的发生。再次,在具体的创新创业过程中,创新创业主体通过知识的互动、交流、分享,完成知识的吸收和转化,提高其智力潜能,促进创新创业的成功实现。最后,在创新创业成果转化阶段,运用知识管理成果实现知识的再造和创新创业价值的提升。所以,图书情报角度的创新创业不仅具有原创性,还具有知识性特点,在创新创业过程中,不仅重视价值的创造,还强调对知识创新的管理和运用,具有知识管理的特征。

2.3 创新创业对图书馆服务转型的影响

2.3.1 促进图书馆从信息存储向知识产出方向转变

收藏存储信息文献是图书馆的基本功能,而在"双创"时代,创新创业主体渴望得到更多的知识服务助力其进行创新创业的实践和创新成果的转化。图书馆作为知识储备中心,在国家的科技创新、公共文化服务等领域起着不可替代的作用。面对创新创业的浪潮和创新创业主体对知识服务的需求,图书馆无疑要积极应对,做好从信息存储向知识产出的服务转变。通过文献信息聚合和挖掘,形成知识单元和条目,面向创新创业主体直接输出,实现文献信息的单一存储向多元的知识产出转变;通过创客空间服务、创新创业平台等共享空间的搭建促进创新创业主体进行思维的碰撞、思想的启迪,助力创新创业主体将隐性知识通过交流和实践转换为显性知识,实现知识的流动与价值的输出。

2.3.2 促进图书馆从信息咨询向知识咨询转变

创新创业不仅是一个知识再造的活动,也是一个知识交流的过程,图书馆传统的一般文献信息咨询无法解决其创新创业实践中的知识应用问题,所以促使图书馆从传统的信息咨询服务向更广泛的知识咨询转变,要求图书馆通过资源整合建立丰富的知识资源库为知识咨询创造条件,并建立完善的知识咨询服务体系,提升图书馆知识咨询的质量和能力,发挥知识咨询对创新创业的促进作用。要求图书馆在咨询内容上,提供细小知识图谱,推荐细致的精准知识单元适配,解决创新创业主体在决策和创新中的知识问题。在咨询实现上,提供基于创新创业主体画像的智能个性化推荐,增强创新创业主体的体验和感受,便于创新创业主体进行知识管理和应用。在咨询模式上,选择一对一的嵌入、动态交流形式,通过互动交流,及时协助解决创新创业主体的知识难题,辅助实现知识创新,提高创新创业主体咨询服务的获得感和幸福感。

2.3.3 促进图书馆从一般知识服务向知识发现服务转变

创新创业是一个知识实践和知识再造的过程,创新创业主体对知识的渴望是其创新创业进程中最显著的特征,其知识的应用和管理水平也是直接影响创新创业成败的关键因素。为满足创新创业主体的知识需求,减少创新创业活动中的风险和不确定性,加快知识在创新创业过程中的增值和价值创造,图书馆面向创新创业主体需提供知识发现服务解决其在创新创业活动中的问题。现有图书馆建立的资源发现和检索服务已对图书馆传统知识组织和发现服务进行了创新,但若要彻底实现图书馆服务的供给侧改革,不仅要从技术层面实现知识单元的深度语义揭示、广度关联聚类、知识网络可视化,更重要的是从服务层面以创新创业的需求为导向,通过语义关联和可视化形成基于数据洞见基础上的新知识,实现知识再造的服务价值,实现以创新创业主体问题为导向的"发现问题—应用数据—解决问题"的知识发现服务过程。

2.3.4　促进图书馆从情报服务向数据服务转变

大数据时代,数据的重要性不言而喻,其应用渗透到各个领域,创新创业过程中会产生大量数据,同时也对数据有强烈的需求。创新创业主体需充足的数据知识保证其创新创业科学有效地进行,且在不同的创新创业阶段需求的数据服务内容也是动态变化的。所以,对数据资源的知识再造、知识产权的分析运用已成为促进产业技术创新、创业实现的重要保障,促使图书馆从一般的情报服务向针对性的数据服务转变,促使图书馆根据创新创业的主体需求进行数据抽取,并对抽取的数据进行预处理、分类、关联、可视化表征及分析预测等,如对政府数据、商业数据、社会媒体数据、舆情数据、网络社区数据等多源数据的采集、揭示与存储、内外部数据联动等,最后形成新的知识内容提供给创新创业主体,助力实现创新创业主体在创新创业进程中的数据需求。

2.4　图书馆服务对创新创业的促进

2.4.1　助力创新型人才培养

加快创新创业人才的教育和培养是深化教育改革、落实国家实施创新驱动发展的重要目标。在《国务院办公厅关于深化高等学校创新创业教育改革的实施意见》发布后,图书馆积极应对,参与到创新创业教育服务中,通过专题情报产品开发服务、创新数据服务等信息服务助力创新创业主体信息采集和信息利用能力的提升;通过组织创业培训、实验教学平台应用、创客空间等提高创新创业主体的动手创造能力;通过组织社团活动、创新论坛、真人图书馆等研学、路演活动激发更多人的创新意识和创业兴趣;通过将信息素养课程嵌入创新创业教育中,提升受教育者的创新思维、创新能力,以及抗压受挫能力。总之,图书馆的相关服务将助力创新型人才的教育和培养。

2.4.2 助力创新创业文化形成

创业文化作为文化的一种,在促进大众进行创新创业方面不仅具有激励和凝聚功能,还具有导向和协调功能。在创新创业时代,营造良好的创新创业观念、制度和环境等文化氛围已逐步成为主旋律。图书馆作为文化机构,强调知识的开放性、传播性和文化传承,其与创新创业文化的精神是一致的。图书馆通过创客文化空间营造大众"群体共存、合作共展"的环境,推进"群体智慧"的产生,激发创新活力;通过创新创业系列文化活动打造创新创业文化高地,促进知识的交流、分享和流动,提升创新创业文化氛围的浓郁度;通过创新创业平台的搭建,给公众提供展示创新创业成果的舞台和空间,以创新创业文化引导和激发公众的创业志向和创新精神,发挥文化氛围对创新人才培养潜移默化的影响作用。

2.4.3 助力创新创业成功

创新创业不是一蹴而就的事情,更不是一帆风顺的创举,在创新创业失败原因的归结中,市场资讯不足、创新产品不够等成为其重要的原因。尽管目前我国建设有很多高新科技园、产业孵化基地、创业园等科技园区,但园区提供的服务主要是空间及物业支持服务,几乎没有信息服务,而图书馆可通过专题图书馆进园区,协助提高园区创新创业人员对文献信息资源的收集、管理和研究意识,以及信息利用能力。建立信息咨询服务网页或平台,便于创新创业主体将需求发布和提交,便于图书馆根据创新创业需求进行专题定制服务。图书馆还可与园区结成战略联盟,利用图书馆的信息人才优势满足园区创新创业过程中的技术革新、小发明、战略发展咨询、知识产权专题服务等需求。在图书馆的多样服务下,激发园区的创新活力和竞争力,提高创新创业的成功率。

3 创新创业主体与图书馆的交互现状

3.1 创新创业主体的需求分析

经济新常态下,"创新创业"强调普通民众对创业和创新活动的广泛参与,目的是营造崇尚创新、鼓励创新的良好文化氛围,增加岗位促进就业。广义的"创新创业"中的创新不仅指的是技术方面的创新,还包含管理创新、知识创新、流程创新、营销创新、组织创新等。"创新创业"中的创业指的是基于创新基础上的创业活动,强调的是开拓性和原创性。所以,"双创"视野下,图书馆服务的创新创业主体包括政府、科研单位、中小企业、初创企业、大学生,以及社会大众个体。其中社会大众个体主要包括社会青年、退伍军人、返乡创业者、新生代农民工、下岗职工、特殊弱势人群等,也称草根创新创业者。

课题组设计了服务需求专项调研问卷,通过与创新创业主体的走访面谈、网络问卷调查等方式,尽可能全面调研"双创"主体在创新创业过程中的全面信息服务需求。2019 年 12 月,经过对调研问卷及访谈内容的整理,提炼出需求相对集中的内容,整理后如表 3-1 所示。

表 3-1 创新创业用户信息服务需求分析

创新创业用户类型	需求内容
地方政府	①智库服务 ②数据分析服务 ③舆情预警服务 ④决策咨询服务 ⑤情报服务等

续表 3-1

创新创业用户类型	需求内容
科研单位	①各种数据库资源 ②专利检索与分析 ③项目申报查新 ④科研成果转化助力 ⑤学科服务 ⑥其他知识产权服务 ⑦智库服务 ⑧情报服务 ⑨数据分析服务等
中小企业	①商业数据、科学数据、公共数据等数据资源服务 ②数据采集、分析、内外部联动等数据处理服务 ③创新项目资源接入服务 ④知识产权服务 ⑤代查代检服务 ⑥情报信息咨询服务 ⑦创客空间、创意平台搭建、使用、交流及分享服务 ⑧智库服务 ⑨创新素养培育服务等
初创企业	①创业资讯等资源服务 ②创业政策指导服务 ③创业项目资源引入服务 ④空间场所服务 ⑤知识产权服务 ⑥创新创业平台交流服务 ⑦项目孵化服务 ⑧创新创业素养培育服务 ⑨各种数据库资源等

续表 3-1

创新创业用户类型	需求内容
大学生创新创业主体	①数据库资源服务 ②创新创业政策等咨询服务 ③创客空间服务 ④创新创业平台服务 ⑤创新创业专业及课程资源 ⑥创新创业项目培育 ⑦创新素养教育 ⑧组织培训及经验分享 ⑨创新创业大赛等
草根创新创业者	①数据库资源服务 ②创新创业政策等咨询服务 ③空间场所服务 ④知识产权服务 ⑤成果验证、转化服务 ⑥创新创业平台交流服务 ⑦组织培训及竞赛服务 ⑧创新创业素养培育服务 ⑨创新创业大赛等

从表 3-1 中可知,不同的创新创业主体对图书馆服务的需求不一,即使同一创新创业主体,在创新创业的前期、中期和后期,需求内容也会发生变化,呈动态化特征。

对地方政府来说,虽自身不进行创新创业方面的创造,但地方创新创业政策的制定需全面统筹,需建立部门之间的高效协同机制,因此,对智库、舆情预警、其他同级别省市创新创业政策的解读,及比较、借鉴等都会有不同程度的需求,决策参考服务需求特征明显,且对服务有及时性要求,这是因为政策的制定和管理的创新讲究前瞻性和时效性。全面信息的掌握有利于地方政府结合实际情况确保本地创新创业政策制定的科学性,有利于与国家创新创业政策的有效衔接,打通政策落实的"最后一公里"。

对科研单位的科研创新主体来说,服务需求偏重知识性内容,尤其是深层次的智慧知识服务。科研创新主体承担着国家科研创新的重任,智库服务、查新服务、科技成果转化服务、知识产权服务是需求热点,这不仅是因为科研创新本身是知识再造的行为,而且只有高层次的知识服务才能助力科研类用户从选题到立项、从立项到研发、从研发到推广,完成知识的管理和价值的创造,完成国家赋予的知识革新和技术创新的历史使命。

对初创企业和中小企业来说,服务需求的多样性和动态性特征明显。中小企业技术密集性和创新性等特点决定了其对创新创业政策咨询服务、商业数据和政府数据等数据分析服务、创新创业平台服务等需求较多,如在决策阶段,需根据国家的政策数据、企业自身的数据、市场数据等对拟创新的项目进行正确的选择。在项目实施阶段需管理创新数据、技术创新数据、产品创新数据来支撑项目的创新。在实现阶段需产品投入应用后的各种数据,如销售数据、产品反馈数据等,参考这些鲜活的数据信息,修正、精进或替换项目中的部分或全部技术参数,或重新制定方案,等等。

对大学生创新创业主体来说,服务需求比较集中,且有重复性和阶段性,主要体现在创新素养教育、创新创业课程资源、创客空间、创新大赛等参与性的活动需求较多。及时性和持续性特征明显,如在创新创业过程中,希望能随时得到帮助,解决动手实践或思辨中的困惑和问题,同时希望不仅能持续得到资源上、资金上的保障和支持,还有精神上的鼓励、心理上的疏导等。

对草根创新创业主体来说,服务需求比较零散多样,需求层次相对较低,如政策咨询、创新创业分享交流、创客空间利用等,差异性特征明显。不同类型的社会个体,创新创业内容不一,有些需要经营管理方面的信息需求,有些需要金融法律方面的知识,有些需要技术培训、发明推广方面的帮助,个体之间,以及个体与其他创新创业组织之间的需求也存在着差异。

3.2　图书馆服务"双创"的内容分析

在国家创新创业政策的驱动下,在创新创业主体需求的推动下,加之图书馆在信息时代自身转型升级的内驱,各级各类图书馆纷纷响应政策,多方创造条件积极拓展服务职能,拓宽服务对象范围,发挥图书馆的社会公益性和"知识中心"的作用,通过不同内容、不同层次的服务助力社会创新创业的进展。课题组在 2020 年 9—11 月期间,通过网络访问和实地走访,对具有代表性的公共图书馆、高校图书馆和专业图书馆围绕资源类服务、知识产权类服务、创新创业平台服务、创客空间服务、素养教育类服务等进行了"双创"服务实践的情况调研。

3.2.1　公共图书馆服务"双创"的概况

公共图书馆的服务群体主要是政府和社会大众,结合公共图书馆服务对象的创新创业需求内容,2020 年 9 月课题组按地区分布选取了 20 个省市级公共图书馆,围绕创新创业相关数据库资源建设、创客空间服务、创新创业服务平台建设、创新创业大赛组织、创新创业培训、创新创业项目孵化六项服务内容进行调研,调研结果如表 3-2 所示。

表 3-2　部分公共图书馆服务"双创"概况

图书馆	服务项目						
	创新创业相关数据库资源	创客空间服务	创新创业服务平台	组织参加创新创业大赛	创新创业培训	创新创业项目孵化	其他相关活动
上海图书馆	√	√	√	√	√	√	
广州图书馆	√	√		√	√		
深圳图书馆	√	√					
厦门市图书馆	√	√					
杭州图书馆	√			√	√		
陕西省图书馆	√			√			

续表 3-2

图书馆	服务项目						
	创新创业相关数据库资源	创客空间服务	创新创业服务平台	组织参加创新创业大赛	创新创业培训	创新创业项目孵化	其他相关活动
湖南省图书馆	√						立法决策服务平台
成都图书馆	√	√		√	√		
长沙图书馆	√	√		√	√		
南京图书馆	√	√					
郑州图书馆	√						
青岛市图书馆	√	√					
大连图书馆	√						决策服务
武汉市图书馆	√				市民学堂		定题服务
盐城市图书馆	√	创智天地		√			
首都图书馆	√	市民学习空间					
福建省图书馆	√						
无锡市图书馆	√	√		√			
金陵图书馆	√						创意南京展览
铜陵市图书馆	√			√			

　　从调研情况看,我国公共图书馆服务"双创"呈现出很大的地区差异和不平衡现象,上海图书馆、广州图书馆、南京图书馆等经济较发达的公共图书馆提供的创新创业服务内容较全面,其他公共图书馆的创新创业相关服务很少,还有一些公共图书馆几乎没有提供相关服务。总体服务状况跟目前我国创新发展战略要求还存在较大的差距。现有的"双创"服务多是创客空间提供的组织参加创客大赛或科技查新、立法决策等相关服务,如杭州图书馆组织的 2019 创客节活动、金陵图书馆的"创意南京"展览、盐城市图书馆"创智天地"等。而创新创业教育、项目孵化等几乎没有。出现目前服务

状况的原因有以下两点：一是公共图书馆的主要精力放在了公共文化传播与服务、阅读推广方面；二是部分公共图书馆对创新创业服务还处在摸索观望阶段。作为服务新拓展，创新创业服务不仅需要资源、人力的支持，还需要服务经验和能力的支持，这对缺少专业人才和资金保障的一些公共图书馆来说是个不小的挑战。

3.2.2 高校图书馆服务"双创"的概况

相比公共图书馆来说，高校图书馆服务"双创"的普及面要广些，成果比较丰硕。虽然有部分高校图书馆通过"知识产权服务中心"为社会用户提供科技查新、报告分析等知识产权服务，但高校图书馆的服务对象主要还是校园用户，多数高校图书馆未向社会提供开放服务。校园创新创业主要有两类：一是高校教师的科学研究创新，对服务的需求主要有科技查新、专利检索与分析、科研成果转化等知识服务；二是大学生的创新创业活动，对服务的需求主要有创新创业平台交流、创客空间使用、创业课程资源学习、创新创业教育等实践应用性较强的服务。围绕这两类主要群体的需求，2020年10月课题组按地区分布选了20所"双一流"高校图书馆进行调研，调研结果如表3-3所示。

表3-3 部分"双一流"高校图书馆服务创新创业概况

学校	服务项目					
	知识产权服务中心	中外专利数据库	创新创业平台（空间）	创业就业数据库	创新创业课堂	咨询台
北京大学图书馆	国家级	√	改造中		大雅讲堂	√
南开大学图书馆	校级、查新站	√	IC（文澜厅）			√
大连理工大学图书馆	国家级	√	研究间	√		√
吉林大学图书馆	查新站	√		√	链接的网络课堂	√

续表 3-3

学校	服务项目					
	知识产权服务中心	中外专利数据库	创新创业平台(空间)	创业就业数据库	创新创业课堂	咨询台
哈尔滨工业大学图书馆	国家级	√	IC	√	创客之星讲座	√
复旦大学图书馆	校级、查新站	√			创业相关讲座	√
南京大学图书馆	查新站	√	IC	√		√
浙江大学图书馆	校级、查新站	√	创新空间		云中课堂	√
中国科学技术大学图书馆	查新站	√	未来学习中心	√	WOS 大讲堂	√
厦门大学图书馆	查新站	√	多功能空间		Technology lecture	√
山东大学图书馆	查新站	√			专设就业指导讲座	√
武汉大学图书馆	查新站	√	3C 创客空间		小布微课	√
中山大学图书馆	国家级	√				√
四川大学图书馆	查新站	√	设有双创平台	√	微视频、讲座	√
重庆大学图书馆	校级、查新站	√	研修室	√	校园课程及教研资源	√
西安交通大学图书馆	国家级	√	IC	√	讲座与课件	√
兰州大学图书馆	查新站	√	图书馆空间	√	网络课程链接	√
东北大学图书馆	校级	√	自主学习平台	√	网络课程链接	√
郑州大学图书馆	国家级	√	研讨间	√		√
云南大学图书馆	查新站	√		√	新思维在线课程	√

从调研情况看,"双一流"高校图书馆资源量都非常丰富,100%都有中外文专利数据库、不同级别的知识产权服务、设有咨询台,基础资源保障和咨询服务没问题。但针对性的创业就业数据库资源只有60%的学校购买或试用,如南京大学图书馆的"创业学苑数据库"、中国科学技术大学图书馆的

"大学生创新创业与就业数据库"及"创课数据库—森途学院"、四川大学及云南大学图书馆的"中科 JobLib 就业与创业创新知识总库"、哈尔滨工业大学图书馆的"创新树·全球创新知识服务平台"、东北大学图书馆的"清华紫光'6+1'大学生能力提升数据库"、吉林大学及郑州大学图书馆的"森途—就业创业数字图书馆"等。直接相关的创业课堂只有哈尔滨工业大学、山东大学、北京大学三所图书馆有,其他多是信息素养提升的课程或网络链接课程。创客空间服务多数是在原有 IC 信息共享空间的基础上拓展的,仅有浙江大学、武汉大学、南开大学、四川大学、中国科学技术大学图书馆设有带有明显标识和创新意义的创客空间和平台,但设施多是常规的投影设备、影音设备、3D 打印、计算机等。总之,受校园创新创业教育的影响,高校图书馆创新创业服务实践内容较多,但也存在创新创业知识服务缺少、未设有专门的服务部门、创客空间效用不佳、缺少创新创业服务体系等问题。

3.2.3 专业图书馆服务"双创"的概况

专业图书馆较公共图书馆和高校图书馆来说,其服务层次比较清晰,一是为政府决策参考服务,通过建设智库为政府科学决策服务;二是为专业人员提供科学研究和学术研究服务;三是为企业产业服务,通过情报分析、知识产权服务、科技成果推广转化等为企业产业创新提供服务。为企业产业服务是专业图书馆的主要内容,近年来,专业图书馆更专注于为企业提供"双创"服务,通过创新创业平台的构建、科技创新培训体系的制定、全方位科技成果转化的布局,形成支持企业创新创业的服务体系。2020 年 11 月,课题组选取了 15 个专业图书馆从资源服务、创新创业平台服务、科研成果转化服务、决策咨询服务、知识产权服务、创新创业培训六个方面进行调研,调研结果如表 3-4 所示。

表3-4 部分专业图书馆服务"双创"概况

图书馆	服务项目					
	资源服务	创新创业服务平台	科研成果转化服务	决策咨询服务	知识产权服务	创新创业培训
中国科学院文献情报中心（国家科学图书馆）	√	√	√	√	√	√
国家工程技术数字图书馆	√		√	√	√	√
国家科技数字图书馆	√			√	√	
国家农业图书馆	√			√	√	
中国地质图书馆	√			√	√	
中国社会科学院图书馆	√			√	√	
中国科学院电子学研究所图书馆	√			√	√	
国家科学馆成都分馆	√	√	√	√	√	√
中国计量科学研究院文献馆	√			√	√	
上海科学技术情报研究所（上海图书馆）	√	√	√	√	√	√
国家海洋信息中心（海洋图书馆）	√			√	√	
医学信息研究所图书馆	√			√	√	
湖北省科学图书馆	√	中国产业智库	√	√	√	√
甘肃省科技图书馆	√			√	√	√
广东省科技图书馆	√	√	√	√	√	√

从调研结果看,综合性的专业图书馆如中国科学院文献情报中心、上海图书馆、国家科学馆成都分馆、湖北省科学图书馆、广东省科技图书馆,不仅资源服务基础好,有专门的研究团队和服务团队,且在知识服务的基础上,还构建有创新创业服务平台,开展科研成果转化服务、服务政府决策咨询等,创新创业服务内容比较丰富。如广东省科技图书馆近年来比较注重为企业提供"双创"服务,利用"南方双创汇"平台,面向"双创"企业开展普惠

性及定制性的科研成果转化服务、政策咨询服务、知识产权服务,开设的双创学院提供"双创"大讲堂、创业故事、产业智库等服务,尤其是进行全方位的科研成果转化服务布局,促进科研机构与企业达成科技成果合作,成果丰硕。其他专业图书馆由于特色专业资源的原因,除在知识产权、决策咨询、定题服务等方面持续保持服务优势外,其他方面的创新创业服务内容不多。

总之,从各类图书馆的实践探索看,无论是国家级的中心图书馆还是地方级的省市图书馆,无论是高校图书馆还是公共图书馆,在国家创新创业政策的驱动下,都结合自身服务基础面向不同的服务对象进行着"双创"服务的探索。对公共图书馆来说,主要面向社会大众提供数据服务、创客空间服务、论坛讲座等创新创业服务;对高校图书馆来说,主要面向教师科研创新群体和大学生创新创业群体,提供知识产权类、创新创业培训类、管理决策类等服务;对专业图书馆来说,主要面向研究人员和"双创"企业提供智库服务、知识产权服务、科研成果转化服务等内容。

从目前的实践成果看,专业图书馆和高校图书馆的"双创"服务内容和成果比公共图书馆丰硕,这可能跟公共图书馆缺少专业服务人才和资金紧张有关系,也跟公共图书馆的服务定位有关。为创新创业提供服务不仅是公共图书馆作为文化部门落实国家创新战略政策的应有之义,也是公共图书馆促进社会创新和知识流动,激活沉睡资源价值的重要手段。为此,公共图书馆应抓住机遇,利用自身信息资源储备的优势,为创新创业者提供针对性服务,寻找可持续发展的新途径。高校图书馆和专业图书馆在服务过程中,虽积极探索,成果显著,但也存在"双创"服务规划不足、体系不健全、人才缺位等困扰。

3.3 创新创业主体需求与图书馆服务之间的矛盾点

3.3.1 馆藏共享资源与创新创业主体需求资源匹配度不高

创新创业是组织各种资源提供产品或服务,创造价值的过程。在创新创业活动中需消耗资源,需大量资源的供给,不仅需要广泛的基础资源做支撑,还需要专利文献资源、创业文献资源、创新创业课程资源等非常规资源。目前很多图书馆都拥有丰富的中外文文献资源,但缺少创新创业信息资源和创新创业课程资源,出现创新创业主体资源需求与馆藏共享资源匹配度不高的现象。造成这一现象的原因有三个:一是创新创业资源本身聚合度不高,需图书馆服务馆员主动采集,尤其是深度资源的挖掘,图书馆目前做的还比较少。二是创新创业主体需求的多是本地资源,如本地的市场情报数据、产品销售数据、地方政策数据等,而多数图书馆恰恰缺少此类本地化资源的收藏。三是创新创业的成果或产品若想获得准确预测和前沿性诊断,传统的一般论文、产品报告等数据类型难以满足需求,还必须要有地方政策文本、社交媒体数据、互联网平台数据等多源数据做支撑,而多数图书馆尤其是公共图书馆目前还不具备采集分析此类数据资源的能力。

3.3.2 图书馆服务内容及范围与创新创业主体需求有差距

对比上述创新创业主体的需求内容与图书馆面向创新创业提供的服务内容不难发现,图书馆服务内容及范围与创新创业主体需求存在不小的差距,这也是创新创业主体对图书馆黏合度和信任度逐渐下降的原因之一,造成这种现象的原因:一是创新创业主体面临的信息环境和选择途径较多,如一些信息服务机构提供的数据分析及技术应用有时会比图书馆更丰富、更准确,所以一些创新创业主体转向专业信息服务机构获取服务需求,致使图书馆缺少更多为创新创业主体服务的实践机会,服务能力没有机会得以实践和提高。二是图书馆对创新创业主体的真实需求分析不到位,把握不够准确,造成提供的服务产品针对性不强,精确性不够。三是创新创业活动是一项复杂性和开拓性的创造,其不仅需要对前沿技术和复杂技术有着敏锐感知和深度掌握,更需要图书馆提供细粒度高的知识服务,而对于技术水平和专业水平都处于中等水平的多数图书馆来说,着实有些难度。四是图书馆已建的创新创业服务平台或创客空间提供的服务项目较少,设施陈旧,对创新创业主体吸引度不够。

3.3.3 创客空间设施及服务与创新创业主体需求有差距

早在2013年,我国多所公共图书馆相继创建创客空间提供服务,高校图书馆紧随其后,或改造原来的学习共享空间,或新建创客空间以拓展空间服务。尤其是 2015 年国务院办公厅又印发了"众创空间"纲领性文件,即《关于发展众创空间推进大众创新创业的指导意见》。政府的鼓励和支持是创客空间建设的重要推动力,在知识创新和技术革新的双重驱动下,建立创客空间为创新创业主体服务已成为图书馆转型升级的首选服务项目。遗憾的是在调研过程中发现,我国图书馆的创客空间建设及发展不仅存在明显的区域不平衡现象,且创客空间总体服务成果不多,服务吸引力不强,与创新创业主体的需求有些差距,表现在:一是创客空间设施多是常规的投影、影音设备、3D 打印、多功能播放设备等,设施及服务的提供远远不及学校的创新创业学院、校级创客空间,以及政府资助建设的社会众创空间,这对 VR、AR 已不陌生的创新创业主体来说,吸引力确实不大。二是创新产品及项目成果展示不多,活动举办少,难以吸引创新创业主体的参与兴趣,有限的服务内容对创新创业活动帮助作用存在局限性。三是一些公共图书馆的创客空间成为个别企业的商品展销地,违背了创客空间建设的初衷,逐渐门庭冷落。

3.3.4 馆员的服务水平与创新创业主体期望有差距

经调研发现,国内图书馆的创新创业服务多是在原有服务部门进行的服务范围拓展,并未像阅读推广那样设置专门的服务部门,服务馆员也多是兼职馆员。服务馆员因缺乏创新创业服务知识和管理经验,与创新创业主体的期望值存在明显差距,这也是影响创新创业主体与图书馆建立合作信任关系的关键因素。在国外一些图书馆,不仅专门设置有服务岗位,且对服务岗位的职责内容也有明确要求,如密歇根州立大学图书馆的"创业馆员"、纽约大学图书馆的"商业与经济馆员"[①]。岗位的设置和职责要求不仅能促进创新创业服务馆员的知识储备和服务队伍的建设,也能吸引创新创业主体因信任而靠近图书馆。创新创业是一个多学科的综合性活动,不仅涉及经济学、社会学、管理学,还涉及心理学、情报学、计算机科学等。跨学科的

---

① 侯茹.美国高校图书馆创业服务研究及启示[J].图书馆学刊,2018,40(4):138-142.

创新创业服务需服务馆员具备多学科基础和知识背景,拥有诸如多学科研究能力、数据分析及管理能力、批判性思维培养能力、心理疏导能力等,只有这样才能做好不同学科需求、不同主体需求的创新创业服务,而图书馆服务馆员因体制受限很难通过晋级培训、外出学习、专业教育等方式提高自己的创新创业服务知识,限制了其创新创业服务水平的提升。

3.4　创新创业主体与图书馆交互的制约因素分析

从目前看,创新创业主体与图书馆的交互并不十分理想,表现在交互服务项目少、用户黏度不大、服务平台不活跃,图书馆服务过程中比较被动和迷茫,创新创业主体有观望和疑惑现象。综合分析制约双方交互的因素,不仅有创新创业主体和图书馆各自自身的主观因素,也有制度、资金、技术、服务设计等客观因素。

3.4.1　影响创新创业主体与图书馆交互的主观因素

(1)创新创业主体的认知和信息素养

创新创业主体对图书馆服务的认知直接影响其是否愿意接近图书馆,并接受图书馆的服务。一直以来,图书馆在人们心目中的服务印象远远不及专业信息服务机构,这不仅与信息服务大环境有关,也与图书馆的服务宣传有关。图书馆与社会其他信息服务机构相比不仅有自己独特的资源优势,且有突出的公益性优势,理应有不错的服务市场。而创新创业主体对图书馆服务认知的偏差,如服务深度不够、服务资源不广、服务技能不高等制约其与图书馆交互行为的发生。再者,创新创业主体信息素养的高低也会影响与图书馆服务交互的成效。创新创业主体获取信息的意识、掌握技术的情况、信息沟通的状况、知识接受的能力等都会受自身信息素养高低的制约,从而会影响其信息需求的表达、对新知识的辨识、服务结果的反馈、与服务馆员的交互等。所以,创新创业主体对图书馆服务认知的偏差和自身信息素养的制约都将直接影响其与图书馆服务交互行为的发生和交互成效。

(2)图书馆馆员的服务观念和服务能力

长期以来,图书馆员的服务观念多数属于保守式的被动服务,尤其是面对创新创业服务来说,多数图书馆馆员认为其与图书馆关系不大,为创新创业活动提供服务是国家科技园、科技孵化器、学校创新创业部门的事情,所以很少主动调研创新创业主体的真实需求,更别说主动根据其需求提供内容多样的创新创业服务项目了。观念的固守产生认知的偏差,图书馆馆员固执的观念使其未能认识到开展创新创业服务活动是历史的必然,未能认识到图书馆的创新创业服务在社会创新实践中的促进作用,未能认识到创新创业服务给图书馆转型升级带来的契机。认知的偏差和主动服务理念的缺失成为阻碍图书馆开展创新创业服务的主观因素。再者,馆员的服务能力决定着服务水平的高低,直接影响创新创业主体对图书馆服务选择的可能性,创新创业活动的复杂性特征决定了为其提供服务的馆员要具有较强的服务能力,除一般的沟通咨询、辅导指导能力外,还需具有数据分析能力、平台技术应用能力和前沿技术预测能力等。综合能力的拥有恰恰是多数图书馆馆员最缺少的,这无疑又成为创新创业主体与图书馆有效交互的阻碍因素。

3.4.2 影响创新创业主体与图书馆交互的客观因素

(1)图书馆服务"双创"的政策缺失和资金困扰

政策具有引导和监管作用,创新创业服务相关政策的缺失会直接影响图书馆创新创业服务的提供及服务项目开展的深度和广度。图书馆服务政策是指图书馆组织机构为长期服务社会,针对特定的服务对象,对图书馆服务提供的服务项目、服务内容、服务细则以及服务时应遵守的法律法规所制定的一系列条例和准则,是服务工作总的导向性行动指南。自"双创"概念提出以来,国务院办公厅持续发布文件促进全国"双创"的开展,通过全国各地双创活动周的展示成果可见,政策性文件对活动开展的促进力度。遗憾的是,无论是《公共图书馆法》,还是《普通高等学校图书馆规程》,以及各级各类图书馆组织机构中,均未见制定和下发有关图书馆服务创新创业的专门性政策或指导性文件。没有政策文件的指导遵循、引导激励和约束监管,图书馆服务创新创业就没了制约和督促,在创新创业服务过程中也少了责任和任务,所以就会有宁可不做也不做错的现象发生。

资金的困扰是阻碍图书馆发展和进行服务拓展的关键制约因素。图书馆经费的短缺从20世纪90年代开始就一直是个焦点问题,不排除地区发展不均衡的情况,但整体上依然是不充分的,尤其是中西部地区的公共图书馆。虽然近些年多了社会力量捐赠、图书馆自身创收、基金会的特殊基金资助等资金来源渠道,但多数图书馆依然没摆脱资金的困扰。资金问题成为制约图书馆发展的重要因素,没有一定经费的投入,图书馆创新创业文献资源的购置、创新创业空间和平台的构建、各项活动的组织和开展、人才的引进和培养等都失去了保障。

(2)图书馆服务"双创"的人才缺位和技术不强

人才的缺位是阻碍图书馆快速发展的又一重要因素,没有多梯队的人才队伍,图书馆的各项服务很难保证让用户满意,更别说质量要求比较高的创新创业服务和智慧图书馆的建设了。美国的学者伊安·约翰逊在《智慧城市、智慧图书馆与智慧图书馆员》一文中说到"除了智慧的图书馆员没有人创造出智慧图书馆"[①],这是对图书馆人才重要性的精辟描述。智慧的图书馆员不仅服务观念和理念超前,且服务流程和服务技能娴熟专业,而对多数图书馆来说,受诸多因素的影响,缺乏情报、计算机等专业人才。"人才荒"成为图书馆转型发展时期难以解决的困难,与此同时,多数图书馆对人才培养不够重视,既没有人才培养计划,也没有人员培训专项经费,图书馆人员知识老化现象越来越严重。

技术的快速发展给图书馆服务拓展描绘了美好的蓝图,但也存在着现实的应用障碍,表现在:一是图书馆的技术应用多是数字图书馆建设时的技术推广和应用,新技术如社交媒体在创新创业服务中的应用不多,能与创新创业主体及时互动的平台较少。二是图书馆购买的商业数据库所有权归属于不同商业公司,由于商业壁垒的存在,不仅打通多端数据应用存在障碍,且商业数据与馆藏本地用户数据、业务数据的联通也存在技术应用难题。

---

① 伊安·约翰逊.智慧城市、智慧图书馆与智慧图书馆员[J].陈旭炎,译.图书馆杂志,2013,32(1):4-7.

三是人工智能技术和5G技术的应用发展前景虽好,但图书馆目前并不具备良好的投入与使用的普遍适配,主要局限于资金、技术应用场景、馆员能力素养等方面的瓶颈。

(3)图书馆服务"双创"的规划不足和风险担忧

"大众创业,万众创新"对于经济结构转型升级具有积极显著的推动作用,受到各级政府的高度重视。然而,在此大背景下,图书馆由于服务规划不足、前瞻性不够导致未能积极应对,与创新创业主体沟通不够,导致服务成果不多。表现在:第一,不像图书馆的知识产权中心或阅读推广服务那样设置有专门的服务岗位和岗位职责要求,没有相应的部门和岗位职责要求,服务就会失去保障。第二,没有科学合理的创新创业服务体系,也就无法全方位地为创新创业服务提供保障,无法吸引创新创业主体走进图书馆,无法黏合更多的创新创业用户群体。第三,创新创业活动有一定的风险,且有些项目风险性极高,太多失败的案例会使图书馆担忧服务过程中的投入产出比,会思考服务的社会口碑和效益。尽管创新创业活动的最终结果与图书馆的服务无直接关系,但图书馆因风险的担忧会有意远离风险高、未来不确定的服务活动或服务内容,所以,图书馆对风险的担忧也成为制约其服务创新创业的因素之一。虽然图书馆的服务多是公益的,但图书馆也会考虑经济效益和社会效益,毕竟每项服务都需投入人力、物力和财力,加之没有专业人才的分析和把控,不能提供有效的风险防范和援助,致使图书馆在服务中会犹豫不决。

(4)创新创业主体面对服务时的多样性选择环境

信息服务环境的发展也逐渐成为制约创新创业主体与图书馆交互的因素之一。这是因为随着信息技术的广泛应用和大数据的发展,一些信息服务机构和数据服务公司也纷纷提供与创新创业相关的信息服务和数据服务,其多样化的数据分析优势、专业的人才技术优势、敏锐的市场预警优势往往会吸引大量创新创业主体的选择,使图书馆失去原本应有的用户群体。再者,创新创业活动对数据的精确需求贯穿整个活动之中,具有较强技术应用的数据处理环境也使创新创业主体不得已舍弃提供免费服务的图书馆而投向专业信息服务机构,这不仅是因为图书馆所拥有的资源多数是综合型的和普通型的,针对创新创业的资源往往较少,也是因为创新创业活动中常利用的碎片化数据、多源结构数据,图书馆处理挖掘起来有一定难度,而对多模态、多粒度、变化快的大数据的语义划分、描述、关联等数据的处理,专业信息服务机构更强。最后,对创新创业主体需求和交互数据的处理,专业信息服务机构可用机器学习和算法的传感器对创新创业主体数据进行实时收集并分析利用,而这对图书馆来说是个难题,所以,面对差异比较大的信息服务机构,创新创业主体的选择结果自然明了。

4 图书馆服务"双创"的模式设计

面对不同类型的创新创业主体,图书馆须依据不同类型主体的需求内容设计适配性的服务模式,且在每个服务模式中重视创新创业主体的个体特征及需求特点,注重创新创业主体的体验和感受,通过多样化模式吸引更多的创新创业主体,提高创新创业主体参与的积极性。

4.1 面向地方政府的服务模式

4.1.1 "双创"环境下地方政府的信息服务需求

为推进"双创"活动的深入开展,国务院办公厅持续发文促进"双创"活动的蓬勃开展。地方政府在创新创业活动中的核心主导地位不容忽视,作为"双创"活动的主导者,地方政府不仅需结合本土实情制定诸如创新创业引导政策、扶持政策、优惠政策、补贴政策等相关政策以促进地方创新创业活动的蓬勃开展,且需制定具有长远目标性、符合国家战略发展的创新创业战略规划,进行科学合理的创新创业资源配置,营造具有激励和支持特征的创新创业环境,完成这些需全面系统的信息服务以保障政策制定、战略规划、资源配置和环境支持的前瞻性、科学性和规范性,凸显政府在创新创业活动中的决定性作用。因此,地方政府在创新创业活动中不仅需智库服务、决策咨询服务,还需舆情预警服务、情报分析服务等。

(1)智库服务

尽管各地政府出台了众多创新创业相关政策文件,但在一定程度上仍存在诸如针对性不强、激励力度不够、政策质量不高等突出问题,这可能跟政府对创新创业主体需求了解不够,对国家创新创业战略发展规划解读不深,对政策制定的前瞻性规划不强等有关,为此,地方政府可通过图书馆的智库服务提高创新创业政策制定的科学性、智慧性和前瞻性等。智库是为政府决策提供智能服务的重要机构,他通过政策研究、政策评估、趋势预测、宏观分析、总体评价、走访调研等为政府政策的制定提供决策依据和研究报告,在政府决策过程中发挥"资政、参谋、启智"的作用,为政府决策提供建设性的意见或着眼于全局的补充性意见,避免政府政策决策的片面性和不接地气。

此外,政府也需智库机构为大众解读创新创业的相关政策内容,引导正确的舆论,做好政策答疑,促进政府创新创业决策及各项政策的顺利实施。这是因为在多元环境背景下,社会大众获取信息的途径增多,价值观也容易随之发生变化,若因认知水平的限制而对政府制定的政策不能客观地正确理解,或产生误解,不仅会影响政府在社会大众心目中的形象,也会影响社会整体创新创业生产力,所以,需智库机构通过专业的分析和研究为大众答疑解惑,引导社会大众理性思考,理性进行创新创业。

(2)决策咨询服务

决策是信息加工后做出判断的复杂思维过程。而决策咨询就是利用信息资源,从不同角度、不同侧面面对决策的问题,分析、预测问题的性质、结构、成因等,提供智力服务的过程。创新创业是个系统工程,具有复杂性、长期性、开拓性等特点,因此,创新创业相关政策的制定、突出问题的解决等需政府做出及时的评判和决策,加之多元文化的影响,以及地方政治、经济、人文等社会因素的变化,政府决策的难度和不确定性逐渐加大。为减少失误,提高政策制定的科学性,提高政府的决策水平和治理能力,政府可从各类信息情报机构获取决策咨询服务,通过信息、知识和智力咨询为其提供能够解决实际问题且具有科学参考价值、实用价值的决策方案或策略,以提高政府的科学决策力。

地方政府对决策咨询服务的需求不仅是因为咨询是科学决策的基本保障,也是因为深层次、专业的咨询能辅助其进行科学决策,所以地方政府对决策咨询服务的需求是决策本身的诉求,是面对复杂信息无从判决的需要,是创新创业进程中凸显政府科学决策职能的保障,只有通过咨询服务中创新创业重点难点的预示、痛点堵点的揭示、热点评点的解释等,才能显示创新创业过程中政府决策扶持的着力点和焦点。

(3)舆情预警服务

进入大数据时代,社会信息化程度普遍提高,民众越来越愿意通过网络渠道发表自己对某件事的意见或主张,同时,对某件事的关注也容易通过新媒体平台形成舆情热点和舆论导向。舆情的直接性、开放性和交互性等特征,为政府释放"决策气球"提供了快速反应的平台。在一定程度上能促进政府决策的民主性和公信力,但若是信息失真的民意民求,也会使政府的决策陷入被动。

所以,舆情是把双刃剑,正确的舆情导向有利于政府政策的顺利实施,出现偏差的"舆情危机"会影响政府的形象,影响政策的落实,因此,掌握媒体舆情对地方政府非常重要。

在创新创业发展过程中,作为政府部门,其政策的制定、决策的研判、创新创业焦点及难点的关注等都需舆情监测数据帮助其了解民众的需求及舆论情况,所以,舆情监测服务是政府了解民间观点的重要途径。与此同时,政府对预警性的舆情产品需求也越来越重视,尤其是对突发性舆情,需舆情服务部门能在舆情发酵期内提出预警,及时介入进行全面监测,提供事件处置意见,帮助地方政府研判舆情发展态势,审慎、客观地给予引导,以便有效地化解风险,支持决策。

(4)情报分析服务

情报是创新活动的重要因素,也是政府决策的依据之一,情报与决策之间的紧密关系决定了政府对情报服务需求的必然性。目前,我国地方政府的行政决策模式已经从传统的行政式层级管理向参与式分散治理转变。政府不仅要鼓励公众加入,在合理决策议程下满足公众的利益诉求,以确保政府决策的科学民主性,还要以准确、全面的情报为基础进行开放式的决策以吸引公众的参与,使政府决策能深入人心,顺利实施。而这些民意数据、公众需求数据等正是政府所需情报内容的一部分。

创新创业进程中,政府的主导地位决定其不仅需全面掌握社会各行业的创新发展情况,也需了解创新创业主体的需求内容,只有这样才能制定科学合理、导向明确、系统全面的创新创业发展战略规划和政策方略。所以,创新创业环境下,地方政府比以往任何时候都渴望获取情报服务辅助其进行科学的行政决策。这不仅是因为大量精准的情报信息是科学决策的基础,也是因为以情报分析为基础的服务内容将助力地方政府优化公共发展的管控能力。大数据环境下,以往政府所依赖的情报信息搜索方式、情报服务整合方式都发生了变化,需要情报服务部门通过数据资源的整合、集成、分析、可视化揭示等方式为政府决策提供服务,同时也促进政府关注数据价值和公众的精确需求。

4.1.2 图书馆为政府提供信息服务的追溯与发展

我国图书馆为政府提供信息服务可追溯到新中国成立后,在 20 世纪 90 年代更是掀起热潮,随后虽然受西方图书馆学理论的影响(即认为公共图书馆应向下服务公众,而不是向上服务如政府此类的强势群体),高校图书馆、专业图书馆应是服务科研和本校师生等,但一些图书馆,尤其是公共图书馆,如国家图书馆、广东省立中山图书馆、省级公共图书馆等仍坚持为政府部门提供信息服务,如国家图书馆的《信息专报》、上海图书馆的《上图专递》、广东省立中山图书馆的《决策内参》等通过信息汇编、专题情报开发、定题服务为政府提供信息服务。这一时期的政府信息服务有一、二、三次文献信息的揭示和开发,服务起到了一定的效用,但存在有些图书馆定位不清、特色性不强等问题,不适应政府立法和决策机制改革的发展需要。当然,为政府提供信息服务并不需要系统内所有图书馆都统一开展,毕竟每一个层级和每一个系统的图书馆有着不同的使命,承担着不同的职能。公共省级馆、高校馆等综合能力较强的图书馆为政府提供信息服务更具优势,如辽宁省图书馆 2006 年为省第十次党代会编印专题资料;广州大学图书馆从 2002 年起编辑《每周广州新闻要目》《广州重要新闻要目》《广州舆情分析》,为市政府提供舆情服务,受到政府好评。

2008 年,随着《中华人民共和国政府信息公开条例》的实施,以及政府电子政务的发展,政府日益重视政务公开和政府的开放式建设,图书馆为政府提供的信息服务工作也不断得以完善和发展,服务内容和服务方式都较之前有了较大改观和进步,除传统的定题服务、专题信息整理外,还开展面向政府的立法信息服务、政务现场服务、舆情监测等信息参考咨询服务。这一时期,图书馆根据环境变化努力积极地为政府提供内容和形式多样的信息服务,有些图书馆还专门成立了政府信息服务部门,助力政府的信息公开和立法决策,但同样存在难以吸引政府积极参与、难以提高政府对图书馆各项信息服务的利用率等情况。21世纪,网络技术及通信技术的发展促使政府传播信息的渠道逐渐多元,公众利用政府信息的行为和需求也发生变化,呈现直接性、开放性和平等性等特点,政府面对复杂的网络信息环境比以往任何时候都需高质量的信息服务以辅助决策,此时,情报分析服务、预测预警服务、智库服务等成为图书馆服务政府的主要表现形式,尤其是面向政府决策的图书馆智库建设更是在图书馆得到重视,如2021年湖南图书馆7个服务组赴"两会"各驻地开展"热点专题""省图代查"等智库服务。

4.1.3 "双创"环境下图书馆面向政府的服务模式

(1)面向政府决策能力提升的新型智库服务模式

在"双创"发展过程中,政府的作用是毋庸置疑的,这是因为"双创"的建设与发展不仅是经济问题,还是政治问题和社会问题。虽然说支持"双创"的主体是市场,但市场属于社会,而社会又属于政府监管,所以,政府应发挥积极作用促进"双创"的良性发展。促进的手段一般有两个,一是资金的支持,二是政策的支持。在政策的制定和落实上地方政府有时会因政策不全面、质量不高、针对性不强、激励性不够等原因影响政府的决策能力,以及政府在公众心中的形象,所以面向政府"双创"决策能力的提升,图书馆可通过新型智库提供高质量针对性服务。

美国宾夕法尼亚大学的詹姆斯·麦甘[①]认为,智库是参与和分析公共政策研究,以国内国际问题进行政策导向研究、分析并提出建议的组织,从而使得决策者和公众对公共政策做出明智的决定。2015年1月,中共中央办公厅和国务院办公厅下发了《关于加强中国特色新型智库建设的意见》,明确了新型智库的功能,即智库的研究对象主要是战略问题和公共政策,服务

---

① 初景利,唐果媛.图书馆与智库[J].图书情报工作,2018,62(1):46-53.

对象主要是政府的科学民主决策,性质为非营利性研究咨询机构。① 从该意见看,图书馆新型智库建设虽不是中国特色新型智库的核心和重点,但图书馆的文献情报功能和信息支撑作用决定了其与智库的关系。2018 年颁布实施的《中华人民共和国公共图书馆法》中第二十二条规定:国家图书馆主要应当承担的职能中包括"为国家立法和决策服务";第三十五条又规定:"政府设立的公共图书馆应当根据自身条件,为国家机关制定法律、法规、政策和开展有关问题研究,提供文献信息和相关咨询服务。"这些法律条文进一步明确了图书馆在智库建设中的定位。图书馆参与智库建设有一定的先天优势和劣势,在支撑智库的建设过程中,应充分发挥优势弥补不足,提升智库的支撑服务。

创新创业是个系统工程,具有基础性、长期性、复杂性、动态性等特点。这些特点决定了创新创业的相关政策不是短期刺激政策,而是着眼于长期未来发展的系列战略举措。所以,地方政府的决策能力将会直接影响创新创业的未来是否能可持续发展。创新创业环境下,地方政府决策能力的提升体现在政策制定的针对性和实施效果,因此,图书馆智库可通过与政府的主动沟通,了解政府在决策方面的需求,了解政府想解决的创新创业重点及难点问题;通过对创新创业主体的调研,了解他们最关注的问题、亟待解决的问题等,做好政府与创新创业主体之间的桥梁作用,从而选定创新创业的重大需求作为智库研究的切入点,通过对重大需求的深入研究和精准研判,为政府创新创业相关决策提供智力支持。在服务过程中,图书馆需注重培养自己的情报专家,组建高水平的智库服务团队,提升智库的服务能力,可独立或跟其他机构合作开展智库研究,整合资源优势完善共享机制。将服务着力点放在地方创新创业战略规划、创新创业相关政策决策建议、创新创业趋势预测、创新创业调研和咨询报告等热点、焦点和痛点方面,避免决策服务的浅层次化。同时注重通过媒体传播影响社会公众对政府创新创业政策的认知,通过咨询答疑促进创新创业政策的落实,展现图书馆作为智库性机构的贡献。

① 王世伟.论中国特色公共图书馆新型智库建设的定位与发展[J].情报资料工作,2020,41(5):14-22.

（2）面向政府治理能力提升的舆情预警服务模式

在目前的"双创"过程中，"创新抑制"与"创新激励不足"的问题依然严重，表现在如金融改革相对滞后，融资难融资贵的问题突出，信用体系建设严重滞后，知识产权保护亟待加强，公平竞争的市场环境尚未形成，行政垄断和所有制歧视尚未消除等体制性缺陷。而这些正是政府治理能力的体现。另外，"双创"核心在"创"，但关键在"众"，要逐步走向大众化，而大众在全球多元价值的冲击下，难免出现与社会核心价值观相违背的财富创收现象，以及利用政府传统体制的漏洞进行危害社会机体的现象，所以，更需要政府能及时对一些与社会主流、社会发展不和谐的创新创业现象做出监测预警，进而准确研判，及时开展公共治理，创造健康的"双创"生态环境促进创新创业活动的良性发展。再者，舆情作为公众对社会热点或关注点的情绪反映，或对某一件事的公开意见，在新的历史发展时期，在新媒体的推动下扩散的更快，影响面更广，所以当前的网络舆情呈现出随意性、交互性、丰富性和突发性等特点。这对政府来说，为避免舆情风险实现社会稳定，更需要及时收集舆情信息、监测舆情，建立预警机制，进而针对舆情提出切实可行的处理办法，以提高政府部门的工作效率和执政治理能力。

早在20世纪八九十年代，一些省级图书馆及部分高校图书馆都开始为政府相关机关提供舆情分析服务，且有些图书馆还专门成立了舆情情报部门将舆情服务作为服务工作的重点。到目前为止，为政府提供舆情服务的形式主要有基于剪报形式的舆情汇编服务、基于数据库的舆情查询服务和基于网络实时监测的网络舆情分析服务。最后一种服务形式因时效性强已成为当下图书馆使用最多的服务模式。当下，大数据时代数据资源的海量化、舆情生态的复杂化给图书馆的舆情服务提出了挑战。面对政府"双创"方面治理能力的提升，图书馆需突破服务维度，结合创新创业的生命周期，提供不同时期的舆情服务产品，以增强图书馆政府舆情预警服务的竞争力。首先，在初期，通过多方联动实时监测创新创业主体的相关数据，对疑似热点问题进行科学分类和层次分析，初步预测舆情，将萌芽状态的分析内容呈报给政府，并呈报预警参考方案。其次，利用网络舆情"黄金两小时法则"，对舆情进行分析研判，评估舆论发展方向，并为政府应对舆情策略提供可行性建议,防止事态扭曲扩大。再次,在舆情成熟期,通过对创新创业主体的信息素养培训,增强其甄别舆情信息的能力,及时搭建桥梁倾听双方利益诉求,为创新创业主体答疑解惑,化解创新创业主体与政府之间的隔阂和对立情绪,协助政府理性引导舆情发展。最后,在舆情消散期,发挥图书馆"智力资源"优势,厘清舆情发展的始末,剖析舆情背后反映的实质问题,形成舆情总结报告,为政府处置舆情和日后舆情治理提供参考借鉴。总之,图书馆在为政府提供舆情预警服务中,除了重视舆情产品的互相链接和动态更新外,还要建立和完善政府舆情信息服务的反馈评价机制,克服图书馆政府舆情服务中的失衡失效等问题。

(3)面向政府职能改革的情报分析服务模式

毫无疑问,中央发出"双创"号召不仅是审时度势,而且是顺势而为的一个重要决策。对地方政府来说,在促进"双创"的发展过程中,除了坚守改革全面促进国家各项政策的引导和落实,加大财政支持、金融扶持的力度外,还要改变理念,在租、税、费三方面简政放权,在与创新产业化有关的工作方面尽量放权。这就涉及政府职能的转变和改革,如何在"双创"涉及的科技研发、市场准入、产业发展等方面进行政府职能的改革是重点也是难点。一些地方政府习惯用上项目、砸钱等低效方式支持创新创业,这样势必会积累新的经济风险,引发创新创业虚假繁荣的泡沫现象,所以,政府职能改革要想真正落到实处,还需相关情报分析服务做基础保障,如一些创业数据分析、知识产权权益分析、创新创业模式分析、地方孵化器产出等情报分析服务,助力政府职能进行科学规范、高质高效、有的放矢的改革,从而为创新创业构建法治体系完善的软环境、基础设施健全的硬环境,以及创业友好的监管环境。

情报分析服务是各级情报机构通过不同渠道和方式满足社会各界情报用户需求的过程。对图书馆来说,情报分析服务是图书馆服务中的重要内容,无论面对任何类型的用户,图书馆都需结合用户需求内容建立客观的情报服务机制,在寻求自身发展机会的同时,以适应社会经济的发展。图书馆建立初期,通过定题服务、咨询服务等形式开展各种类型的情报分析服务。随着经济社会的发展及用户需求的变化,图书馆的情报分析服务逐渐成为一种创新的知识服务,面对政府这一特殊的服务用户,尤其是面对围绕创新创业进行职能改革的政府,图书馆的情报分析服务更具有专指性和创新性。表现在不仅要做好创新创业主体对政府需求的调研分析,还要做好不适合创新创业的法规分析;不仅要找好情报服务的立足点,如产业调研、项目评议等,还要做好跟踪服务和预警分析;不仅要做好政府职能转变的措施对比分析,还要做好情报分析服务成效的比较分析;不仅要能推出围绕创新创业改革的专题分析服务,还要能推出系列全面的情报服务产品;不仅要能以政府需求配置情报资源,也要能做好情报资源的创新推广服务;不仅要能做好专利分析服务,还要能做好知识产权权益分析服务;等等。总之,要用多种分析方法、分析工具对多类型的数据源,尤其是涉及政府在"双创"中的作用数据从不同维度进行数据挖掘、分析,以全面、科学、客观的情报分析结果为政府提供服务,助力政府在"双创"中作用的发挥。

(4)面向建设服务型政府的数据服务模式

建设服务型政府不仅是政府自身发展的内在需要,也是实现社会经济协调发展的需求,是政府执政为民,贯彻民本位思想的具体体现,需从政府职能改革、审批流程再造、管理模式改变等多个方面设计。为最大限度地实现"双创"的效果,政府更需从审批型政府、全能型政府向服务型政府转变,不仅要做好创新创业政策支持,增强收益能力,还要做好"双创"相关的服务,表现在做好简政放权,参与时不喧宾夺主,不越俎代庖,让创新创业相关资源由市场自由配置;公平对待每个创新创业主体,无论是企业、其他团体,还是个人,支持和服务力度都要一样,保证整个创新创业市场的良性竞争;为创新创业主体提供信息咨询服务和创新创业指导,降低"双创"风险;营造高质量的"双创"生态环境,鼓励人人参与,通过创新创业来促进社会的纵向流动。做好上述服务需提升政府的服务能力,而大数据时代服务能力的提升与数据是密不可分的,政府可通过共享数据、数据分析等预测创新创业市场,做出正确的引导。利用数据分析结果出台相关的助力政策,创建和谐的创新创业文化等,以构建活力足、持续性强的创新创业生态体系。

网络技术的发展,为数据在图书馆的实践应用提供了无限可能。图书馆早期的数据服务主要应用于自身业务分析和数据库的检索等内容。随着数据内容及数据范围的不断增加,图书馆的数据服务内容也分为几个不同层次,有应用于业务研究的基础数据服务,有满足普通用户需求的结构数据服务,也有高层次的数据挖掘、数据分析服务,而如今更强调的是智慧化的数据服务。创新创业过程中会产生大量数据,这些数据对政府和创新创业主体来说都很重要,图书馆如何作为媒介为政府提供多样的数据服务,以提升政府服务创新创业的能力已开始引起学者的关注。对服务型政府来说,客观公正的数据更能为政府决策提供有力的依据,无论是复杂的产业数据、农业数据、专利数据等商业数据,技术数据、标准数据等科学数据,还是多样的公共数据,都是政府服务过程中不能忽视的数据内容。所以,图书馆在为政府提供数据服务时首先要确定数据服务的范围及内容,一定是跟创新创业密切相关的数据的采集、分析、管理等服务。其次要精选技术的应用,充分应用人工智能、大数据的分析挖掘技术,或数据分析工具等,将数据处理成政府能方便应用的数据。最后要完善数据服务制度建设,从多学科背景的数据服务队伍建设、规范科学的数据服务流程、全面的服务考核评价等多方面进行数据服务制度建设,为高质量的数据服务提供保障。

4.2　面向科研人员创新的服务模式

自 2017 年起,国务院将每年 5 月 30 日设立为"全国科技工作者日",旨在鼓励广大科技工作者牢记使命责任,切实担负起支撑发展的第一资源作用。科技工作者又称科技人员,是一个特殊的职业群体。中国科协根据社会组织中职业岗位设置和供职机构的不同,将科技工作者分为政府及其事业单位中的科技工作者、企业中的科技工作者和非营利组织中的科技工作者。根据所从事科技工作的类型又将科技工作者分为:一是从事研究探索的科技工作者。其主要任务是从事基础科学、应用科学等方面的研究,是探索未知世界,寻求客观规律的先锋队,往往被称为科学家或科研人员。二是从事开发创新的科技工作者。其主要任务是从事研究开发或发明新产品、新工艺、新创意等,是企业技术创新的主要力量,经常被称为研究开发人员或发明家、工程师等。三是从事应用维护的科技工作者。这类科技工作者主要承担模仿创新工作,体现在将已有科学技术成果转移和扩散到自己的工作领域,并保持科学技术在经济、社会活动中发挥正常作用。四是从事传播普及的科技工作者。主要指从事科学技术类教育的教师及专职科普工作者。五是从事科技管理决策的科技工作者。主要指集中在政府或有关管理部门的科技领导干部和基层科技管理干部。

本课题所研究的主要指高校、科研院所和非营利性组织中的科研人员的创新创业活动,指他们将研究的科研成果转换成产品或携科研成果加入企业、入股新创企业等相关活动。

4.2.1 科研人员的创新创业现状

(1)科研人员的创新创业意识逐步激发

科研人员跟企业科技人员比,有资源依托,与大学生比,有实践经验,与返乡创业的农民工相比,知识技术基础好。所以,"双创"背景下,科研人员创新创业无疑是实现把科技成果转化为现实生产力这一目标中最有行业与技术优势的群体,是创新性的科技资源代言人。李克强在国家科技战略座谈会上曾说:没有科研人员的自主创新意识,创新之树就难以常青,科研人员创新创业将会有力推进科技的传播与发展。在国家和地方多项科研政策的推动下,以及科研人员自身发展的内需驱动下,科研人员创新创业的内生动力逐渐被唤醒,创新创业意识逐步被激发,其积极申报各类研究项目、进行专利成果转化等行为足以说明其创新的意识和决心。诸多往日沉睡的科研成果逐渐通过各类平台付诸实践和应用,在得到创新创业实惠后,科研人员的创新创业激情再次被点燃。

(2)科研人员的创新能力不断提升

创新之道,唯在得人。由科技部、财政部、教育部、中科院联合启动实施的破"五唯"行动,受到广大科研人员的热烈反响,让更多的科研人员可以静心安心做研究做创新。近年来国家陆续出台相关政策,着力改革和创新科研经费管理方式,也给予科研人员充分的信任和支持。各种共享平台的建设,扩大了科研人员参与的机会和范围,充分发挥科研人员在科学研究中的主体地位,更是激发了广大科研人员的潜力和创新活力。在科技创新体制机制、科技创新环境不断完善和优化的环境下,无论是国家级科研项目的申请立项、专利的申请授权,还是基础研究、应用研究成果的不断积累,都可看出我国科研人员创新能力的整体提升,对科技进步的贡献也越来越大。

(3)科研人员创新创业存在的壁垒

面向国家需求,科研人员形成了大量的科研创新成果,然而大部分的科研成果因壁垒的存在难于与产业对接实现科研产品的成功转化。表现在:第一,产业技术需求与科研人员信息不对称,没有形成闭环的信息链条,导致科研人员的科研成果面向基础研究的多,面向产业需求的较少。虽然国家和地方政府搭建了各类成果转化服务平台,开展科研人员和企业的对接和交流分享,但多数仅停留在技术交流层面,没有开展进一步的实质性深度技术合作,无法完成创新技术的实际应用。第二,科研人员创新创业激励政策没有细化。国家导向性政策已落地,具体的实施细则有些还没细化细分,如知识产权管理、利益分配、离岗返岗待遇和安置等,不解决这些后顾之忧,难以驱动科研人员面向产业需求进行全身心的创新创造。

4.2.2　科研人员的科研环境分析

(1)科研人员研究范式的转变

人类最早的科学研究,主要以记录和描述自然现象为特征,称为"实验科学"(第一种研究范式)。后来科学家们开始尝试简化实验模型,通过演算进行归纳总结(第二种研究范式)。随着社会的发展,计算机仿真越来越多地取代实验,逐渐成为科研的常规方法,即第三种研究范式。大数据背景下,数据的爆炸性增长,计算机不仅能做模拟仿真,还能进行分析总结,得出理论,数据密集的科学研究方式,被称为第四种研究范式。2021 年 5 月,习近平总书记在两院院士大会、中国科协第十次全国代表大会上的讲话中指出:科学研究范式正在发生深刻变革,学科交叉融合不断发展,科学技术与经济社会发展加速渗透融合。由此看来,跨学科、跨领域、跨机构的科研协同已经成为科学发展的必然趋势,数据密集型成为科技创新的时代特色,一方面科技创新面临研究数据管理的挑战,另一方面对数据的深入挖掘成为科技创新发展的有力武器。科学研究范式的改变使不少缺少数据素养的科研人员的研究变得艰难,更需要信息服务机构来助力。

(2)虚拟科研环境的繁荣

虚拟科研环境(Virtual Research Environment,简称 VRE)为科研工作者提供了一个从信息资源获取和数据处理,到科研协作和交流的虚拟环境。从 2005 年开始 VRE 在国外开始受到关注和研究,国内也有学者研究虚拟科研环境给科学研究带来的影响和变化。从开始的"Social-Web"到现在的"Social Grid",虚拟科研环境不断发生变化,资源越来越丰富,功能也日益强大。网络技术的发展为虚拟科研环境提供了资源发布和交流共享的平台,实现更多数字资源、计算资源、科技成果的交互共享。除传统的正式出版物外,非正式资源也越来越多样。VRE 的在线协作工具给协作创新提供了重要的平台,可实现组织内或跨组织的科研流程,促进知识的分享和交流,知识只有在分享交流中才能得以发展和创新。新媒体影响下的非正式交流,不仅受到科研人员的青睐,也逐渐成为科学研究中不可或缺的手段。虚拟科研环境的资源繁荣和功能完善,使科研人员能通过虚拟环境协作共享实现知识的创新和再造。

(3)科研政策环境的开放

为推动科研人员创新创业,国家和地方政府在政策上为创新创业"搭好台、铺好路",持续出台政策法规破除科研人员创新创业的障碍。从国务院办公厅的《关于科技成果转化法若干规定的通知》(国发〔2016〕16 号),到科技部印发的《关于促进新型研发机构发展的指导意见》的通知(国科发〔2019〕313 号);从教育部、科技部联合发布的《关于加强高等学校科技成果转移转化工作的若干意见》(教技〔2016〕3 号),到人社部印发的《关于支持和鼓励事业单位专业技术人员创新创业的指导意见》(人社部规〔2017〕4 号);从国务院《关于大力推进大众创业万众创新若干政策措施的意见》(国发〔2015〕32 号),到各地方政策如重庆市 2021 政府办公室颁发的《关于印发支持科技创新若干财政金融政策的通知》(渝府办发〔2021〕47 号);等等。从国家到地方,从科技部到教育部、人社部,多项政策并举鼓励科研人员创新创业,开放式政策环境加快了创新驱动发展战略的实施,打通了科技创新资源与经济结合的通道。

(4)科研服务环境的完善

包含政策、平台、技术支持、服务供给的服务环境状况对科研人员的创新创业支持是至关重要的。从科研政策的落实到科研管理的"放、管、服",从科研创新项目的扶持到科研经费的增长,从科研创新创业平台的构建到各地孵化器、创客空间的建设,从科研创新创业服务队伍的壮大到创新创业服务资源的丰富,从一般的科研信息服务到精准的知识服务提供,等等,都可以看出我国科研服务环境的逐步完善,加之信息技术在服务中的应用,使泛在服务也成为可能。良好的服务环境给科研人员的创新创业提供了强有力的外部支持。虽然目前还存在诸如因科技创新周期长造成服务不够持续,因孵化载体离开政府持续资金支持而无法继续经营,因科研服务人员某一专业知识有限而无法提供精准化服务指导,因设备资源的有限而使创新实验室支持不够等问题,但总体来说,从国家到地方,从科研院所到高校都在积极地构建创新创业服务环境,推动科研创新的发展。

4.2.3 科研人员的科研服务诉求

(1)科研服务内容的要求从嵌入式到知识的深度挖掘

一直以来,引入嵌入式理论,为科研工作者提供适应科学研究和学术交流的服务模式是众多情报服务机构努力的方向。嵌入式的情报服务为科研工作者提供了个性化、知识化、泛在化的全方位信息保障,不仅有资源的嵌入、方法工具的嵌入,还有服务馆员智慧的嵌入,科研过程中知识的供给服务、知识管理服务、科研成果转化服务等双向、互动式的嵌入为科研工作提供了很大的助力,促进了科研过程中不同阶段科研价值的实现。

随着科研创新环境的变化和交叉融合科学研究范式的转变,以及科研数据的驱动性作用发挥,科研工作者的服务内容需求更多转向有深度的知识挖掘和知识的可视化展示,希望能借助服务机构的数据挖掘找出知识的融合、关联,进而分析得出结论辅助其创新决策和行动。尤其是知识的可视化服务,能够帮助科研工作者解决数据密集选择的困难,将隐性的知识信息利用计算机和服务馆员的知识感知能力进行显性化处理,从视觉上给科研工作者传递直观的见解,并提供和创造新知识。如上海图书馆提供的基于EDS(EBSCO Discovery Service)资源发现系统构建的可视化知识图谱服务,能科学准确、客观公正的用知识图谱的形式为科研工作者提供所关注学科内容及研究热点的发展趋势,并用知识图谱反映文献之间的关联关系,用量化信息帮助科研工作者把握创新内容及方向。

(2)科研服务空间的要求虚实结合深度连接

毫无疑问,科研服务需要丰富的馆藏资源和舒适的实体空间做基础保障,但随着知识交流的数字化和网络化发展,虚拟科研交流空间在E-science环境下日益受到科研工作者的欢迎。在创新研究虚拟社区、网络分享社区等虚拟共享空间中科研工作者可通过知识标签发现知识,进而分享和传播知识,这不仅打破了科研工作者之间的机构壁垒,也使科研工作者之间的协同创新成为可能,在分享交流中启发心智,激发交流者的创新意愿和创新智慧,促进科研工作者的一致创新性。

虚实结合的科研服务空间在支持科研创新方面,给科研工作者带来了新的服务体验。服务体验来自科研工作者与空间、与资源、与服务馆员、与其他科研工作者之间的连接,不仅包括广度,还包括深度。实体服务空间不再仅仅是查阅资料的场所,更多的是团队研讨、成果展示和技术支持的创新服务环境,通过紧密的连接增强科研工作者利用实体空间的舒适感。虚拟服务空间重视以科研用户需求为驱动,通过内容服务平台、知识发现系统等增强科研工作者的研究能力,使其节约时间更好地专注于科研创新创造,进而提高创新效率和水平。

(3)科研服务平台的要求从技术分享交流到技术转移实现

科研工作者创新的最终目的是实现技术转移,往往会通过服务平台宣传推广科研成果,更大范围内实现技术对接和科技产品技术转移,将科研成果应用到实际生产中。目前,国内建立的科研服务平台有两类:一类是情报共享服务平台,如国家科学图书馆牵头建立的全国科学院联盟文献情报共享服务平台、中科院的知识服务平台,除了提供科学研究分享交流与传播服务外,还提供面向学科、面向产业的战略情报研究服务。另一类是科研数据平台,很多高校图书馆建有此类服务平台,如复旦大学的社会科学数据平台、北京大学的开放研究数据平台,遗憾的是此类平台功能有限,只提供用户管理、数据管理和数据服务,缺少数据分析功能。很显然目前两类科研服务平台的现有功能都难以满足数据密集研究范式背景下科研工作者技术转移、技术对接的需求。科研工作者对服务平台的要求从技术分享交流转为更多的技术转移实现,促使科研服务平台要以科研用户需求为中心完善现有功能,拓展新功能,将数据知识管理与协同创新服务平台相互融合,构建一种基于数据管理的协同创新服务平台。即在数据管理的基础上,应用数据处理技术,为科研工作者提供快速的数据检索服务的同时,还能为技术供需双方提供一对一、一对多的技术对接服务,并对其技术转移进度提供跟踪服务。

(4)科研服务方式的要求从单纯的服务接收到参与进行价值共创

对科研工作者来说,无论是主动接收各类情报服务产品,还是被动接受服务机构嵌入式的情报科研服务带来的价值满足,主角都是信息服务机构的服务人员,而不是科研工作者自身。科研工作者面对自己不仅是信息知识的使用者,也是信息知识的构建者和传递者的身份变化,加之创新价值的实现要求,其更希望能参与到服务中去,参与知识创造,与信息服务机构一起共创价值。早在20世纪70年代,麻省理工学院的Von Hippel教授就提出了"用户是创新者"的革命性观点。所以,科研工作者要求参与服务过程中进行价值共创早已有理论基础,且也有不少的实践成果,如国家科学图书馆搭建的科研机构用户与图书馆之间的合作联盟,共享用户资源成果,与科研用户合力购买所需资源。

科研工作者参与服务即为直接参与合作创新,改变以往单纯的服务接收关系为协同合作伙伴关系,实现从服务接收者到服务创造者的改变。科研工作者参与到服务中后,自然而然地会投入更多的感情和努力,会及时对服务做出评价,便于服务机构修正服务方案,针对性开展驱动性创新服务。在参与过程中,科研工作者之间也便于展开交流,促进他们之间的隐性知识流动。科研工作者参与到服务中去,要求信息服务机构不仅要重视科研生态的建设,还要完善科研工作者的参与途径,提供参与的技术支持,确保科研工作者参与服务的可行性和质量,共同促进科研创新活动。

4.2.4　图书馆为科研人员服务的现状

在三大类图书馆中,专业图书馆对科研的支撑服务无论是学科服务、数据管理服务,还是学术素养服务、参考咨询等都比较有特色。表现在:第一,多数专业图书馆能利用新媒体进行全过程、体系化的学科服务,如中科院大连化物所图书馆创建"资源建设执行平台"提供不同研究阶段的差异化学科服务。中国国防科技信息中心图书馆应用新媒体的资源发现功能提供贯穿科研用户全流程科研活动的定制化学科服务。[①] 第二,提供智能化、一站式、场景化的参考咨询服务。有个别专业图书馆还利用 AI 技术实现实时参考咨询,如中国农业科学院农业信息研究所图书馆利用智能机器人为科研用户提供导引、解答等实时智能参考咨询服务。也有一些专业图书馆实施场景化精准参考咨询,如中科院电子学研究所图书馆利用远程认证技术为科研用户提供与其使用场景相匹配的动态的、精准化咨询服务。第三,重视为科研人员提供专业性学术素养、新媒介素养、个性化学术素养服务。如广东省科技图书馆将学术素养培训嵌入到科研指南慕课系统中,满足科研用户的学术素养提升需求。交通部科学研究院交通信息资源中心构建了立体化的学术素养教育空间,从服务内容、组织管理、技术支持与服务对象四个方面创新了学术素养服务模式。[②] 第四,提供公益、普惠、互动、高效的创新创业平台服务和知识产权服务。如上海图书馆(上海科学技术情报研究所)建设的"产业图书馆""创之源@上图""世界知识产权组织技术与创新支持中心",不仅提供普惠性公益服务,还提供创新项目发布交流平台,以及知识产权服务,助推科研创新。第五,提供嵌入式科研数据管理服务。如一些专业图书馆建设的机构知识库、智库等,给科研用户提供科研数据的保存、访问和共享服务。第六,开展科研成果转化服务。如广东省科学院图书馆与南方报业传媒集团共建的"南方双创汇"科研成果转化交易平台,提供针对产业需求的研发成果转化服务。

---

① 龙春芳.新媒体时代专业图书馆科研服务发展态势研究:基于 9 家专业图书馆的考察结果[J].绥化学院学报,2020,40(5):132-135.

② 聂峰英.基于科研团队生命周期的科研服务模型设计[J].图书馆,2016(9):87-91.

马兰、鄂丽君①对42所"双一流"高校图书馆支持科研服务的调研中得出,高校图书馆的科研支持服务主要集中在科研资源建设与导航、科研教育培训、科研成果计量分析与评价(知识产权服务、决策支持、查新查引)、科研成果存储等方面,存在诸如科研服务内容有待深化、服务水平参差不齐等问题。公共图书馆开展面向科研用户的服务类型更少,更为简单,有面向学术研究支持的代查代检、文献传递等科研服务;有面向决策需求的专题服务、调研报告等科研支持服务;也有为解决图书馆事业自身发展的科研支持服务,如各个公共图书馆的图情专业期刊,在促进学术交流,指导图书馆事业实践方面发挥了重要的科研支持作用。纵观各类型图书馆支持科研服务的内容,有各自特点,也各有不足之处。在创新创业背景下,科研创新是创新推动的中间力量,图书馆更应审时度势,与时俱进,找准与科研用户需求的对接点、矛盾点,进而提供科研工作者迫切需求的服务内容,充分发挥图书馆的服务功能。

4.2.5 图书馆面向科研人员创新创业的服务模式

（1）基于科研流程的全谱段服务模式

目前很多学者认为科学研究是具有生命周期的活动,并对其进行了研究,如张晓林②将科研人员的知识活动视为科研活动中的知识生命周期,基于知识生命周期的需求、过程、关系等提供知识服务,进而支持知识创造。肖珑、张春红③将科研生命周期分为创意形成、研究立项、研究开始、研究实施、结题、出版(发布)、管理(评价)7个阶段。国内也有不少学者将科研生命周期划为不同叫法的4个阶段。英国联合信息委员会(Joint Information Systems Committee,JISC)基于Research 3.0将科学研究生命周期分为形成概念、寻求合作、课题申请写作、执行研究、出版5个部分,并将执行研究分为模

①　马兰,鄂丽君."双一流"大学图书馆科研支持服务现状及优化策略[J].图书馆工作与研究,2019(11):27-34.

②　张晓林.从数字图书馆到E-Knowledge机制[J].中国图书馆学报,2005(4):5-10.

③　肖珑,张春红.高校图书馆研究支持服务体系:理论与构建:兼述北京大学图书馆的相关实践[J].大学图书馆学报,2016,34(6):35-42.

拟、试验、数据管理与分析、数据共享 4 个子周期。① 不论哪种认识，对图书馆服务馆员来说，了解科研活动生命周期对于其参与科研流程至关重要，在不同科研阶段提供专业全谱段的知识服务，真正满足科研工作者的服务需求，支持科研工作者的知识创新。

本课题组将科研工作者的创新活动分为创意形成、科研立项、科研执行、科研成果转化 4 个阶段。在创意形成阶段，科研工作者需了解某一课题的研究现状、研究态势、当前存在的问题、研究需求等，此时图书馆可利用馆藏资源进行多元数据分析，归纳出研究热点关键词、新的发展方向，为创意形成提供支持服务。在科研立项阶段，科研工作者需查找文件，分析数据，为研究方式方法奠定基础，此时图书馆可利用学术资源库提供引文链接、资源拓扑、科技查新等服务，为科研立项申请提供支撑。在科研执行阶段，科研工作者从研究的开始、到研究的实施，再到研究的结题结项，不仅需数据资源做科研实施的基础，还需科研工具进行知识发现和数据分析，需对成果进行查新验证研究的创新性、实用性和先进性，此时图书馆可提供专题情报分析、技术态势分析，以及知识挖掘工具软件等服务，为科研顺利完成既定任务助力。在科研成果转化阶段，科研工作者需一定的平台进行成果的发布、交流、分享，以及成果的管理和评价等服务，此时图书馆可提供成果转化阶段的案例管理、成果管理、课题评估评价、知识产权、战略情报等服务，促进科研成果转化为技术产品。总之，从基础知识服务到专题情报服务，再到战略规划情报服务，图书馆可针对科学研究生命周期中的服务需求提供全谱段的专业知识服务。

在全谱段的知识服务模式中，图书馆要注重与科研工作者建立紧密关系，转换双方的关系为"合作"关系，而不再是以往的"服务方与被服务方"的关系。"合作"关系确定后，科研工作者在服务中的能动性和责任感将增强，会极大地提高服务效果。还要注重服务产品的多元化循环上升发展，在科研工作流程中，不仅要发现问题、研究问题，还要能用不同的知识服务产品解决问题，能提出前瞻性的见解和具有决策支持的战略规划情报分析服务，

---

① 赵艳丽，董宏伟，张桂山，等.嵌入科研过程的学科服务研究[J].数字图书馆论坛，2019(12):59-65.

为科研创新战略布局提供参考。同时还要注重知识服务的持续推进,用评价反馈机制了解科研工作者对服务的满意度,进而引导和挖掘其后续的知识需求。

(2)基于情景感知融合的场景化服务模式

情景感知是近几年新兴的跨学科研究,简单说是通过传感器及其相关的技术使计算机设备能够"感知"到当前的情境,是一种基于用户研究和用户体验的主动服务设计。所以,将情景感知理念用于图书馆服务中进行基于用户需求的服务项目设计,以增强用户的体验和感受,这对图书馆和用户双方来说是双赢的,尤其对科研用户更是如此。泛在环境下,海量的信息、异构的知识、复杂的数据,哪一项对科研工作者来说选择和辨别都会有不小的困难,而科研创新所需的知识内容却是专业的、精深的、聚合的和集成的,所以,从科研工作者的个人基本情景、科研行为情景、利用图书馆的行为情景三个方面获取情景数据,将情景数据与服务融合进行精深专业知识和创新知识推送,提供基于科研工作者需求的个性化服务内容,满足其深度化、多维化的服务需求发展,助力科研工作者的知识创新。

场景化思维在图书馆服务中的应用国内早有研究,张晓林[①] 2005 年就提出了从科研活动场景为科研工作者提供不同的科技信息服务。于倩倩等[②]分析了科研工作者的不同科研场景对数字资源的依赖和需求,并提出了应对策略。图书馆作为服务机构,了解和掌握不同的科研场景,主动发掘和匹配、参与和融入新的科研场景,利用情景感知技术从横向视角把表面看来毫无关联的科研相关节点利用共现、共引等关系建立起知识地图(图谱),从纵向角度再对各个知识节点进行深度挖掘,在情境数据计算匹配基础上为科研工作者推送精准的创新性知识服务,通过提升科研工作者服务获取和服务利用的场景体验,增强他们对图书馆的黏性和社群效应,这对图书馆支持科研创新至关重要。

---

① 张晓林.建立面向用户科研过程的未来科技信息服务环境:数字化科技信息服务机制的目标情景[J].图书情报工作动态,2005(1):2-5.

② 于倩倩,贾茹,黄金霞.不同科研场景对数字信息资源的依赖性分析[J].数字图书馆论坛,2014(5):14-19.

将情景感知数据与服务融合提供场景化的服务对图书馆来说,需注意以下几点:一是重视动态情景感知融合的准确性。这不仅是因为科研工作者的需求是动态变化的,且跨学科、跨领域的需求变化较快,所以服务馆员需在动态过程中把握科研工作者的科研场景变化,不断跟踪科研工作者,倾听其服务评价,调查其满意度,确保情感感知融合的准确性。二是重视科研工作者情景数据的共享。E-Science科研环境下,科研工作者线上活动频繁,数据采集规模和难度加大、数据保存分级和备案难度也加大,所以,要重视情景数据的共建共享,可与其他服务机构联合起来以保证情景数据采集的系统性和完整性。三是重视感知融合的微服务提供。科研服务不仅需"大数据"支撑,更需"小数据"的微服务提供,根据科研工作者的心理、目标感知,将科研工作者的情景、资源情景和服务情景等尽心融合,提供差异化的微服务。四是重视科研工作者数据的隐私与安全。开放性、交互性的合作关系容易造成科研工作者相关数据的泄露,加之,在采集科研工作者的基本情景、科研行为情景、利用图书馆行为情景等数据时,难免会涉及科研工作者的个人隐私,所以要重视对科研工作者隐私的保护。

(3)基于科学数据服务的协同行为模式

在科学研究过程中产生的任何数据都属于科学数据。科学数据的采集与组织、管理与分享、治理与引用,已成为科研工作者的迫切需求。为进一步加强和规范科学数据管理,保障科学数据安全,提高开放共享水平,2018年国务院办公厅印发了《科学数据管理办法》,并对科研院所、高等学校等科学数据管理主体的责任进行了明确:为科研人员提供科学数据支持是图书馆的重要职能。我国部分高校图书馆在《科学数据管理办法》印发之前就开始了科学数据服务的实践探索,如2013年复旦大学图书馆建立了"社会科学数据平台",2014年北京大学图书馆建立了学科开放数据导航、北大开放数据平台,帮助科研人员对科学数据进行组织和管理、存储与共享。数据密集型科研范式下,科研工作者对科学数据的需求贯穿整个科研流程,且在不同阶段,数据需求有所不同。在科研项目申报立项阶段,科研工作者需数据管理政策、数据检索与获取等;在项目研究阶段,科研工作者不仅需查看同行的科学数据,还需对自己研究产生的数据进行组织整理、分析保存等;在研究结题阶段,需对研究数据进行长期保存、出版传播等。

基于科学研究生命周期,科研工作者的服务需求不断被满足,在这个过程中,科研工作者与图书馆服务馆员不断沟通交流、交互协同,产生了交互式信息行为。分析交互过程中的协同行为内容,规范和控制服务馆员与科研工作者科研协作中的协同信息行为,以提高服务的质量和效率。在科研项目申报立项阶段的协同信息行为,主要包括协同信息交流、协同信息检索以及协同内容创作;在科研项目研究阶段,协同科研工作者管理和分享数据,做好数据统计分析服务;在科研项目结题阶段的协同信息行为,主要是协同进行信息评估与协同内容创作。为保障协同行为的高效运行,图书馆需建立基于科学数据服务的协同行为组织体系和协同行为控制体系,对各种信息资源进行协同组织,对目标、过程与风险进行协同控制。协同行为组织体系主要指馆员队伍和与之匹配的数据服务的协同组织,依据服务馆员的能力和水平对其服务内容进行协同分工与组织。协同行为控制体系主要包括目标控制、过程控制和风险控制,目的是优化行为过程和行为目标,避免协同行为造成知识产权侵权、利益受损等问题的发生,保障协同行为的持续推进。

(4)基于科研项目的集群服务模式

集群原本是生态学概念,来源于生态学中的种群,在 20 世纪 90 年代被管理学引用,用来指在特定区域中有一定关系(竞争与合作)的公司和机构的集合。随后,关于集群的概念和理论研究迅速延伸到科技、产业创新中,逐步形成产业集群、创新集群、高校集群、科研院所集群理论等。从集群到集群理论,包含着波特集群理论的三点核心特征:一是集群构成要素的多元属性,即构成主体多元、关系多元;二是集群内部通过协作提升创新能力,外部推进产业发展;三是集群是一种区域创新体系,突出地理上的集中性。这些特点即加强了专业化、降低了成本、利于资源共享、有助于创新相一致。①

集群理念在图书馆早已有应用,并有学者对图书馆集群进行了定位描

① 陆鸣,佟仁城.我国科研院所集群服务保障体系的集约化发展研究[J].科技管理研究,2012,32(6):53-57.

述,指出图书馆集群是指集中于一定区域内的众多具有分工合作关系的不同规模等级的图书馆(包括公共图书馆、学校图书馆、科研图书馆等)和与其发展有关的各种机构、组织等行为主体通过纵横交错的网络关系紧密联系在一起的空间集聚体。① 区域图书馆建设、图书馆联盟都是图书馆集群的具体体现。图书馆集群模式不仅能推动知识和技术的转移扩散,营造创新氛围,还能提升图书馆之间的合作互动能力,促进图书馆集群规模效益的发挥。在此基础上,图书馆信息集群、图书馆人力资源集群管理、图书馆集群化管理及设计等理论和实践逐渐丰富。面对科研项目,尤其是重大科研项目的服务,一个图书馆的力量往往会比较单薄,难以满足科研工作者的全面需求,因此可采用集群模式,利用集群中资源和服务共享的特征支持科研项目立项、实施和成果转化等。

实际上,我国科研院所作为科技创新的国家队和重要战略科技力量,在响应解决习近平总书记强调的"解决资源配置重复、科研力量分散、创新主体功能定位不清"等问题已做出表率,建立多法人松散型科研院所集群、多法人集中型科研院所集群以及单法人基地型科研院所集群,以促进和保障科技创新、科技攻关。无论建立哪种模式的集群,目的都是提高资源利用率,降低成本。不同类型的集群模式也为科研院所图书馆面向科研项目提供集群服务奠定了基础,只不过,线下集群容易受区域的限制,可建设云服务平台促进共享,或拓展原有共享平台为科研工作者提供基于某一项目的集群服务。图书馆基于科研项目的集群服务关键要解决科研创新的"转化"和"协同"两个问题,无论是产学研协同创新与转化,还是校企融的科技创新与转化,都需通过科技创新服务平台、研发创新合作平台、科技创业孵化平台,或集三个平台功能为一体的服务体系来有效聚集整合资源,发挥协同创新效应,促进科研成果向现实生产力的转化。

---

① 涂中群.区域图书馆:集群概念与创新模式构造[J].南通大学学报(社会科学版),2005(4):151–154.

4.3 面向中小企业创新创业的服务模式

中小企业是实施"双创"的重要载体,是最具创新活力的企业群体。而中小企业在创新创业过程中往往会因市场研究不足和应对能力差、数据利用意识弱、知识产权保护知识缺乏、技术创新能力不足、管理手段和方式单一等问题而影响创新创业进程、成本、风险等。无论是公共图书馆、专业图书馆,还是高校图书馆,都为中小企业服务,历史悠久,方式多样。面对"双创"进程中的中小企业,图书馆需发挥优势,结合中小企业的需求开展不同模式的服务内容,助力其创新创业的成功。

4.3.1 中小企业创新创业的概况

中小企业是国民经济的重要组成部分,是促进就业、推动创新的基础力量,是创新创业活动中最活跃的群体。国家对中小企业的扶持力度逐年增加,以促使中小企业的蓬勃发展。截至 2020 年年底,全国各类企业总数为 1527.84 万户。其中,小型微型企业 1169.87 万户,占到企业总数的 76.57%。将 4436.29 万户个体工商户纳入统计后,小型微型企业所占比重达到 94.15%。① 作为最具活力的创新群体,中小企业的发展关系到国家经济社会结构调整与发展方式转变,关系到促进就业与社会稳定,关系到科技创新与转型升级。② 中小企业虽然数量占绝对优势,但在创新创业过程中,面临的问题比较多,如资金筹集渠道窄、产品科技含量低、市场竞争力差、抗风险能力弱等,因而其生命周期比较短,新旧中小企业更新速度较快。

国家统计局的数据显示,我国科技型、创新型的中小企业或小微企业群体不断壮大,创新活动异常活跃,尤其在江浙、京津冀、粤港湾一带等地区的创新活动比较多。目前中小企业在国家和地方政府的支持下,通常以三横三纵进行创新,横向以参加每年国家级或地方组织的创新创业大赛,如由工

---

① 王飞,王佳,张宁宁,等.新经济发展格局下中小企业高质量发展模式取向研究[J].中小企业管理与科技(下旬刊),2021(4):124-127.

② 王继承.中小企业 2013 年度报告[J].中国经济报告,2014(2):61-67.

业和信息化部、财政部共同主办的2020年"创客中国"中小企业创新创业大赛、首届京津冀中小企业创新创业大赛等;科技型中小企业参与并购市场建设,如北京鼓励科技型民营企业并购境外创新资源;参与国家技术转移平台进行技术转移,如上海具有影响力的科创中心、国家技术转移东部中心。纵向以吸引人才、科技金融、创业孵化为重点开展创新工作。

4.3.2 中小企业转型升级的困境分析

我国中小企业发展由于起步较晚,创新创业能力相对比较薄弱,加之,对市场的研究不足和应对能力缺乏,导致在双创升级过程中面临更多困境,尤其是在经济下行压力增大,行业竞争激烈的情境下,中小企业的生存压力更大。借"双创"之势进行升级转型是中小企业面对压力的唯一途径,分析影响中小企业创新的主观和客观、宏观和微观等原因,以便针对性提供服务,助力中小企业技术创新能力的提升。

(1)创新力量薄弱

创新是中小企业发展壮大的灵魂和动力,而中小企业往往因为人才和资金的限制,创新力量和能力都相对薄弱。有中小企业自身原因,也有客观因素的制约。自身原因主要表现在:中小企业一般没有专门的研发机构,很难吸引高水平的专业研发技术人才,从事技术研发的人才也少,加之人才流失严重,也没资金过多投入在技术研发上,直接影响中小企业的自主创新。再者,中小企业技术人员的专业技能多来自工作实践中的积累,缺乏系统的专业培训,自身技术水平不高导致创新能力较弱。客观方面的制约因素主要有以下几方面:融资渠道不通畅,受体制限制直接融资和间接融资都比较困难,缺少资金支持就无法进行技术创新。同时,各类科技服务机构的服务产品少,服务缺乏深度,影响中小企业的可持续创新能力。虽有促进中小企业技术创新的政策支持,但人才、资金、服务等方面的制约若不能有效改善,中小企业创新能力的提高依然很艰难。

(2)科技服务力量不足

由于对市场的研判不足,或产学研体制的不完善,导致中小企业的技术成果或服务产品在市场上找不到需求点、服务点,对社会科技服务力量不足。毕竟"双创"是创造市场、创造需求的,最终要走向社会需求端,否则容易造成创新创业的失败和不接地气。如一些服务型中小企业以场地出租、中介宣传、政策咨询等基础服务为主,很少开发专业化的如知识产权交易、投融资对接等增值服务;一些技术型中小企业的创新成果因市场调研不足,或技术创新不高而导致技术成果没市场需求,最终走向失败结局;一些创意型中小企业因创意不切合实际,无实际创造价值和社会价值而导致找不到投资方。总之,科技服务力量不足难以满足经济快速发展下的高标准服务需求是一些中小企业创新创业失败的重要原因。

(3)情报意识不强

到目前为止,仍有很多中小企业对情报的价值认知不足,没有认识到情报信息是创新的重要因素,没有认识到科技情报在中小企业技术创新中的关键作用,尤其是对数据资源的认识和利用不足,意识不到数据资源的经济潜力和资源价值,意识不到数据资源对科技创新的驱动作用,意识不到数据对中小企业核心竞争力的支撑作用,所以,往往会导致因不会利用情报信息造成创新创业的盲目性。实际上,对中小企业来说,无论是项目立项阶段、决策阶段,还是项目实施和实现阶段都需不同的情报资源和数据资源以保证创新创业的科学性和目的性,利用情报信息进行技术创新预警,降低创新创业风险,提高成功率。中小企业对情报意识不强还表现在对知识产权权益认识不够,专利申请保护量较少,造成缺少自主的知识产权,给技术造成短板和瓶颈,影响技术创新的高度。

(4)资源获取能力弱

中小企业资源获取能力弱主要表现在两个方面:一是因缺少专业的信息情报人员,导致获取信息资源的渠道单一,主要是通过网络获取,忽视通过资源丰富的各类图书馆获取专业的情报资源。通过网络获取的信息资源一般多数是离散的、非专业的,可信度不高,权威度不够,对创新创业的指导意义不大,有时反而会因信息失真、错误而造成创新的偏离或误导。二是对产业资源的凝聚能力不强,缺少对关键产业资源和外部资源的导入和整合能力,如资金资源、平台资源、成果转化基地等。中小企业凭借自身能力在创新道路上想有成就比较难,要学会借力进行资源凝聚,尤其是多种融资途径的开启,创新成果平台的应用等。毕竟任何创新创业都是在一个产业链内完成的,中小企业创新创业群体也不例外,产业链的资源集聚效应形成不了,将会影响创新创业成果的落地和发展壮大。

(5)社会化服务体系不完善

社会化服务体系不完善也是阻碍中小企业顺利进行科技创新的重要客观因素。服务中小企业创新创业的社会化公共体系不完善主要表现在:一是政府对中小企业在科技服务方面,如以企业为主体的产学研创新体系的建设问题,由于体制原因往往导致高校、科研单位的研究成果与产业分离,与生产脱节,企业创新失去技术指导。二是知识产权保护体系不完善,多头管理造成中小企业知识产权维护成本高,从而使其不再重视知识产权的保护。三是创新创业公共平台建设方面,如缺少中小企业创新的中介和聚合网络,一些创新创业服务中心、创客空间、孵化器基地等多分布在大城市,且彼此独立,难以为中小企业提供全方位的支持服务。同时,中小企业之间相互独立,没有建立相应的技术、营销等分工协作网络,造成单一企业技术创新的成本较高。四是政策扶持方面,政策支持下的多层次资本市场的建设还未全面形成,中小企业创新创业的两大核心要素,即资金和人才,都需政府给予支持,而在这方面政府往往倾向大企业、大项目而忽略中小企业的融资。多项社会化服务体系的不完善是目前中小企业转型升级的客观原因也是关键因素。

4.3.3 创新创业环境下中小企业的服务需求内容

(1)信息咨询服务

创新创业环境下,中小企业的信息咨询不再局限于传统的一般信息咨询,而是围绕科技创新具有更广更深的内容,主要包括对创新创业政策的咨询、行业信息的咨询、战略信息的咨询等政府及商业信息的咨询需求。首先,创新创业相关政策内容较多,且政府会根据市场情况不断推出新的政策。在瞬息万变的信息社会中,中小企业有时会因为对政策理解不到位,吃不透拿不准而出现认识和执行偏差,进而影响创新创业成本,所以需向政府或信息服务机构进行创新创业政策方面的信息咨询。其次,创新创业产品最终需走向市场,市场的供求关系,行业发展走向等直接会影响企业在创新过程中的市场部署和战略决策,中小企业需专业服务机构提供行业信息咨询和战略信息咨询来预判市场供求关系、行业变化、经济走向等,在参考咨询中辅以决策,找到并找准新的市场创新领域,提高创新创业的经济效益和社会效益。

(2)资源接入服务

大数据时代,信息资源已取代物质资源成为中小企业的重要资源。虽然一些中小企业也成立了信息资源中心等类似部门,但由于获取信息渠道受限、获取信息能力不足等原因,从企业内部获取的资源难以满足自身创新发展的需求,所以需求助于信息服务机构进行资源接入。包括两个方面:一是与创新创业有关的信息资源的检索和获取。二是创新创业产业资源和战略资源的接入。前者主要是指创新创业数据库资源,如一些政策信息资源、技术成果资源、商业数据资源、行业数据库资源等信息资源的检索、获取和利用。后者主要是指创新创业的产业资源和战略资源,如政策的支持、资金的接入、经验的供给、技术的引导、工具的分享、成果的转化、伙伴的搭建等方面的资源接入服务。尤其是科研成果资源的接入,以及战略伙伴的搭建,容易让中小企业在创新创业产业链中形成以技术为链接的紧密合作关系,进而提升中小企业在市场经济中的快速响应和柔性高效的供给能力。

(3)知识产权服务

知识产权不仅是中小企业创新成果的载体,也是点燃、激励创新的重要因素。而目前我国部分中小企业知识产权意识淡薄,知识产权管理模糊不清,容易造成重复创新或创新侵权,所以,急需公共知识产权服务。知识产权服务包含信息服务、法律服务、运用转化服务、咨询服务等,是促进企业创新的一个重要因素。在目前我国知识产权保护体系还不完善的情况下,多数中小企业没有法务部门,更需要专业的知识产权服务来助力其创新成果的实现和保护,表现在:通过获取全面的知识产权服务,如科技查新、专利技术的分析、专利申请、专利预警、专利成果的转化、商标注册、版权权益划分、质押融资、评估转让、维权诉讼、战略制定等系列服务内容,从而制定有远见、有智谋的知识产权战略,并学会有效保护自己的权益不受侵害。

（4）竞争情报服务

在激烈的市场环境中,各个行业各个企业都在思考如何提高自身竞争力,中小企业更是如此,竞争情报是中小企业提高竞争力和进行科技创新的重要途径。竞争情报服务在中小企业科技创新的战略研究、战略制定和战略实施等方面发挥着至关重要的作用,成为中小企业科技创新战略的重要组成部分。中小企业在不同的发展阶段,需要动态的、不同的竞争情报服务内容。在技术研发阶段,需要市场调研、行业市场、技术创新等最新的竞争情报。在产品生产(包括试验、样品)阶段,需要详尽的产品设计、产品评测、产品分析报告等情报服务。在产品营销阶段,需要消费者调查、市场预估、营销策略等情报服务。在技术反馈阶段,需要技术改进、跟踪服务、技术亮点等情报服务。系统的竞争情报服务可以为中小企业提供市场预估和决策支持,帮助中小企业把握科技创新的契机,促进最新技术的合作和转让等。

（5）数据分析服务

数据信息对中小企业创新创业是否成功非常关键,中小企业要想获得创新创业的成功,不仅需要各种各样的数据,还需要具有对这些数据的处理和分析能力,而这些能力也正是大部分中小企业所欠缺的。所以,中小企业需信息服务机构协助其进行数据收集,并进行数据分析揭示,尤其是与技术创新密切联系的专利数据分析服务。通过调研中小企业的某项技术、工艺、产品的发展状况,以及在同行业的排名,分析中小企业核心竞争技术的研发热点、技术前沿及空白点、专利布局情况,同时调查竞争对手的相关专利技术特点,把握创新机会,规避创新风险。同时,通过专利数据分析帮助中小企业更客观地了解自己的专利技术在同行业中所处的位置,更准确地把握技术发展方向,及时发现市场机遇,为中小企业制定技术研发内容和路线提供决策依据。

（6）众创空间服务

在我国社会公共服务体系不完善的情境、中小企业自身基础设施不足的情况下,一些中小企业需场地、仪器设备、技术支持、创客平台等进行创新辅助,相互间进行创新交流,弥补创新发展中的不足,这就需众创空间和创新创业平台服务。其中众创空间服务不仅可助力中小企业之间进行技术交流和分享,也能通过交流共启心智,激发创新创业灵感,同时给中小企业之间的协同创新提供机会。中小企业利用众创空间提供的设施设备及技术支持,解决了技术资源获取难的问题,使创新变得容易些。创新创业平台的服务使中小企业成果展示有机会面对更多投资方,扩大成果转化的可能性。总之,线上创新创业分享交流平台与线下创客空间支持,线上成果分享与线下投资孵化等都会给中小企业提供深层次产品科研和技术创新支持,促进中小企业的创新创造。

除上述需求内容外,创新创业素养教育、智库服务、数据处理及存储服务等也都是中小企业创新创业过程中的服务需求内容。这是因为无论是科技型还是创新型中小企业在我国发展都存在着地区不平衡,在其自主科技创新和产品研发过程中面对的环境也较为复杂,困难较多,所以更需要多种多样的服务。

4.3.4　图书馆服务中小企业的基础与优势

1994 年颁布的《公共图书馆宣言》指出,公共图书馆作为地区的信息中心,肩负着向用户提供各种知识和信息的使命,即"为当地企业、协会和利益团体提供充足的信息服务"。2016 年颁布的《高等学校图书馆规程》第四条也明确规定:高校图书馆应积极参与各种资源共建共享,发挥信息资源优势和专业服务优势,为社会服务。2017 年颁布的《中华人民共和国公共图书馆法》明确指出公共图书馆是社会主义公共文化服务体系的重要组成部分,公共图书馆应当按照平等、开放、共享的要求向社会公众提供服务。而企业组织属于社会公众的范畴,至此,图书馆服务中小企业有了法理支持。当然,图书馆服务中小企业也有其他信息服务机构不能相比的优势。

(1)拥有丰富的馆藏资源和数据采集能力

中小企业在创新创业过程中,对各类信息资源尤其是数据资源需求量大,但其又不会全部购买,既没能力也不现实,更没有必要,其他信息服务机构也不可能或很难拥有全部信息资源,而图书馆在政府的财政支持下通过整合内部资源、购买外部资源、共建共享资源等方式拥有丰富的馆藏资源和庞大的数据资源,如行业基础数据库、知识产权分析数据库、创新创业法律法规库、创新创业课程资源库等,正好可解决中小企业创新创业发展过程中的信息不对称、缺乏有效信息、数据资源少的难题。在拥有丰富馆藏资源的基础上,专业馆员运用各类信息技术对数据资源进行采集和分析,形成二次深加工的数据资源库,为中小企业提供科技查新、专利分析、数据挖掘、版权咨询、市场环境评估等情报信息服务,从而解决中小企业在创新驱动发展过程中情报信息获取不足的难题。

(2)拥有信息化基础设施和专业服务人才

20世纪90年代开始建设的数字图书馆网络为中小企业创新创业服务提供了良好的信息化基础服务设施,加之"两微一端"在图书馆服务中的广泛应用,中小企业可享受到图书馆的各类泛在化服务。有些图书馆还建立了创新创业服务平台,如上海图书馆的"产业图书馆"是一个公益的普惠型服务平台,这些信息化基础设施给中小企业创新创业分享交流构建了很好的平台。图书馆通常具有拥有多种学科背景、有一定专业技术和专业职称的服务队伍,尤其是高校图书馆和专业图书馆,为了适应学校和服务群体的需求,更是不断提升自身专业队伍的水平和能力,不仅有能对信息进行深度挖掘、采集和分析的科技查新人员,也有能解答各种专业问题的专业咨询人员,还有能嵌入用户业务流程进行服务的专业学科馆员,以及熟练应用软件工具对数据进行加工、重组的技术人员。专业人才优势可满足中小企业不同阶段、不同程度的资源获取、政策咨询、数据分析、专利检索等知识服务。

(3)拥有多样化成果储备和情报服务经验

目前,我国很多公共图书馆、科研院所图书馆和高校图书馆都拥有知识产权信息服务中心和科技查新站点等成果储备。知识产权服务中心是协同创新体系尤为重要的战略性资源之一,是服务中小企业的科技创新和转型升级的重要部门。拥有先进资源检索系统及专业人员的科技查新站能为中小企业提供科技查新、专利咨询、技术分析等服务,帮助中小企业进行技术研发、产品更新的决策制定。这些优势是其他服务机构不能比拟的,在服务过程中也深受中小企业的欢迎。近年来,有不少图书馆面向中小企业纷纷开展参考咨询、文献服务、技术培训等实践活动,取得了明显成效,并积累了一定的情报服务经验。情报服务也逐渐成为数字化社会背景下图书馆的重要服务内容,所以图书馆无论从资源建设、人才培养,还是技术方面都非常重视其情报服务能力的建设,这也将逐步成为图书馆与其他信息服务机构竞争的亮点。

4.3.5　图书馆服务中小企业创新的模式

不同的中小企业对服务的需求内容不同,即使同一中小企业在不同的发展阶段需求的内容也不一样。而不同类型的图书馆其资源及服务能力也有着差异,在为中小企业服务的过程中,图书馆与图书馆之间,图书馆与其他单位之间均可根据中小企业的需求内容协同进行服务,以提高服务的满意度。结合科技创新的技术、人才、物质资源、服务等关键因素,图书馆可联合其他机构或组织单位采用多类型协同供给服务体系(如图4-1所示),为中小企业提供创新支持。

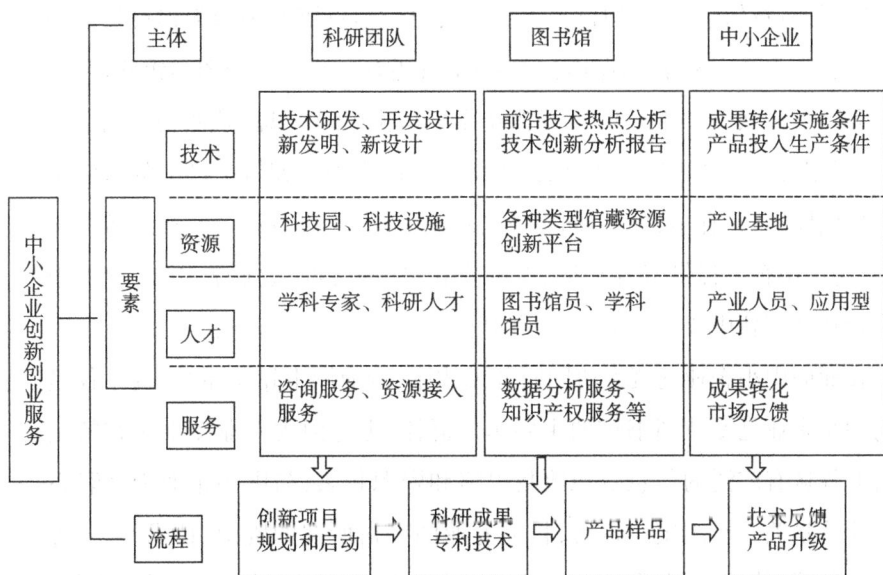

主体	科研团队	图书馆	中小企业
技术	技术研发、开发设计 新发明、新设计	前沿技术热点分析 技术创新分析报告	成果转化实施条件 产品投入生产条件
资源	科技园、科技设施	各种类型馆藏资源 创新平台	产业基地
人才	学科专家、科研人才	图书馆员、学科 馆员	产业人员、应用型 人才
服务	咨询服务、资源接入 服务	数据分析服务、 知识产权服务等	成果转化 市场反馈
流程	创新项目 规划和启动 →	科研成果 专利技术 →	产品样品 →	技术反馈 产品升级

（主体 → 要素 → 流程；中小企业创新创业服务）

图4-1　面向中小企业创新的协同服务体系

(1)"图书馆+图书馆+图书馆"信息资源协同服务模式

资源获取难和获取能力不强是困扰中小企业创新发展的因素之一,且中小企业类型复杂多样,所需的资源类型也多种多样,涉及学科及内容较多,为此,各类型图书馆可联合起来,利用不同类型图书馆的文献信息资源优势,协同为中小企业提供资源需求是目前资源协同供给的主要模式。公共图书馆、高校图书馆、专业图书馆等不同类型图书馆的馆藏资源类型、内容、专业性差异较大。公共图书馆拥有地方特色馆藏,且肩负着政府政务信息公开的任务,所以一些政府数据收藏较多。而高校图书馆主要是学科特色资源优势明显,专业图书馆的馆藏主要体现在"专业特色"上,且有行业背景,与企业用户有着天然的联系。三大类不同类型、不同特色馆藏的图书馆协同起来可利用相互间的差异互补为中小企业提供多样的资源需求。

图书馆之间的联盟在我国已有很好的基础,如高校图书馆联盟,即支撑高校成员馆间的"文献、数据、设备、软件、知识、人员"等多层次共享的中国高等教育文献保障中心(CALIS);专业图书馆联盟,即涵盖理、工、农、医各学科领域科技文献资源的国家科技文献图书中心(NSTL)面向全国提供公益的、普惠的科技信息服务;以国家人文社会科学信息资源平台为建设目标的中国高校人文社会科学文献中心(CASHL);还有一些地方的图书馆联盟,如京津冀图书馆联盟、"中三角"(湘鄂赣皖)公共图书馆联盟、陕西公共图书馆联盟、辽宁省公共图书馆联盟、西部省级公共图书馆联盟等。已有的联盟基础使横向联动、互补多赢的协同服务实现有了可能,可按系统或按地域充分共享,为中小企业提供资源获取、专利查新、标准咨询、数据服务等,解决中小企业科技创新中资源获取的瓶颈问题。

在面向中小企业的资源协同服务模式中,专业图书馆是主角,这不仅是因为中小企业是专业图书馆的主要用户群体,也是因为专业图书馆在特定的行业领域有广泛的信息资源收集渠道和资源积累,与中小企业天然联系的行业背景关系所决定。再者,目前专业图书馆所处的资源、技术、人才等强供给环境,其智力资源和平台资源的优势是其他类型图书馆不能比的。所以,专业图书馆在资源服务中要积极发挥作用,充分利用资源优势为中小企业提供丰富多样的竞争情报服务。

(2)"科研团队+图书馆+中小企业"技术协同服务模式

毫无疑问,知识密集度高、技术创新突出是中小企业尤其是科技型中小企业显著的特点,但不可否认的是技术力量薄弱也是困扰中小企业创新发展的因素之一,所以,协助解决技术难题是图书馆服务中小企业创新的重点。长期以来,中小企业对图书馆服务利用不够并不仅仅是对图书馆服务认识不足的原因,还有一部分原因是图书馆现有服务难以精确匹配中小企业的真正需求,特别是对技术创新方面的需求。对图书馆来说,尤其是一些技术力量薄弱的图书馆,对技术的敏锐度往往也不高,所以可与科研团队、中小企业进行技术协同服务,提高技术服务能力,共同攻克技术创新难题。

在由三方组成的技术协同服务模式中,由图书馆发挥资源优势及数据资源分析优势提供如专利技术分析报告、技术创新分析报告、前沿技术热点分析等知识性服务,满足中小企业技术创新方面的知识需求。由科研团队发挥技术研发特长,提供有关的新技术、新发明、新设计、新产品等技术创新性研发方法及技术实现方法,利用团队的技术力量共同研发或承担中小企业委托的项目,为中小企业重点解决技术创新瓶颈问题。中小企业参与技术协同主要是提供科研团队研发的科研成果转化的设施条件、产品投入生产的条件,进而进行产业化生产,而后投放市场创收财富。在整个技术协同供给模式中,科研团队是科技创新的核心原动力,中小企业是科技成果转化的主载体,而图书馆既是科技创新的文献信息资源基础和知识服务中心,又是产学研合作的中介和桥梁。所以,图书馆要主动作为,根据所服务中小企业不同的技术需求内容,联系不同研究类型的科研团队,为中小企业技术创新搭起坚实的沟通桥梁。

在技术协同服务模式中,科研团队是核心成员,决定技术协同的成败和对中小企业创新支持的力度,其可以是高校的科研团体,也可以是科研单位的科研团队。高校科研团体需高校图书馆做中间协调沟通,利用国家及地方发布的有关产学研政策的支持,为中小企业牵线搭桥促进技术成果和合作创新成果的输出。科研单位的科研团队能力更强,其研究工作本来就属于创新性研究,对中小企业的技术指导意义更强,更具实践性。专业图书馆可联合其所依靠的科研院所的科研团队为中小企业技术难题把脉诊断、破解难题,促进创新的实现。无论哪个科研团队参与协同,都需要图书馆做沟通协调,当然,仅靠图书馆的力量,未免有些单薄,若能从上层管理制度加以约束,由三方参与的技术协同会合作得更顺利。

（3）"图书馆员+学科专家+产业人员"人才主体协同服务模式

中小企业信息需求涉及的面比较广,所以需不同行业、不同专业背景的人员参与指导,以较完善的人才结构提供全面的服务保障。虽然近些年在社会新媒体的影响下和图书馆员自身的努力下,图书馆馆员角色逐步多样化和复合化,服务能力逐渐专业化和精准化,但面对中小企业创新创业过程中的多样专业性需求,相关的行业背景、专业技术知识显得依然缺乏。尤其是在服务中小企业的社会效益和经济效益都不太明显的情况下,图书馆员很难主动担当和作为。所以,为提高给中小企业服务的精准度和服务成效,图书馆可联合学科专家、产业人员共同参与指导中小企业的服务需求,互相补充发挥各自的优势。在中小企业创新创业的不同阶段,由不同的服务者进行嵌入式跟踪服务,如在创新创业前期,由图书馆员提供信息咨询、资源供给等一般的服务;在创新创业中期,由学科专家进行技术诊断和指导;在创新创业后期,由产业人员进行技术结果市场反馈等,全方位为中小企业创新发展提供人才支持,在整个支持过程中,图书馆员、学科专家和产业人员不是孤立的,视情况进行联合。

学科专家一般不仅有较强的专业素质,丰富的科研能力,有些专家还具有服务企业的实践和经验,掌握最新的科技信息和行业重要信息,能够精准把握中小企业的情报需求,协助其进行市场预测,所以学科专家的参与对中小企业来说犹如有了引导者和护航者。同时,学科专家还能指导图书馆服务人员获取更专业、更前沿的行业情报和技术信息,使图书馆员的服务与中小企业的需求匹配度更高。产业人员作为一线工作者,多年的工作经验使其对技术困境、创新方向、生产条件等更有发言权和建议权,所以充分听取产业人员的意见,结合学科专家诊断,更容易对症解决问题,实现创新突破。同时,对中小企业来说,人才储备也是未来发展需考虑的问题。学科专家不仅能对其进行技术创新、产品研发指导,还能提供法律咨询、财政金融政策咨询、创新创业扶持咨询、知识产权服务等,更能帮助中小企业开展人才培训、创新素养教育,协助中小企业制定人才资源储备方案,从而提高中小企业的技术人才力量及人才创新能力。

(4)"创新平台+创客空间+产业基地"空间资源协同服务模式

成熟健全的服务体系是中小企业创新顺利进行的保障,而健全的体系来自多方范畴的协同,空间资源协同也是各个不同单位利用自身优势进行的集成服务。且空间资源也是中小企业创新发展的关键因素,中小企业需利用创客空间推进相互间的信息共享、合作及交流,利用创新平台展示新技术、新成果,吸引更多投资方,利用产业基地进行项目培育和产品生产,完成市场需求投放。由高校图书馆、专业图书馆及政府提供的创新平台或科技生产园,由公共图书馆提供的创客空间,由企业提供的产业基地,三个不同主体的协同能促进技术、资金和人才在科研机构、高校、社会公共服务部门和中小企业之间的畅通流动,全方位覆盖中小企业的创新需求,实现服务共享化和规模化,使研究机构的科研成果容易被产业化,使图书馆的服务成果得到认可,最终实现多方共赢。

我国图书馆的创客空间建设发展迅速,高校图书馆及公共图书馆都有不同程度的建设,且设施逐步增多,提供的服务也多样化,服务群体也逐步扩大。良好的创客空间以论坛、会务、讲座、成果展示、技术支持等服务形式协助推动中小企业的成长和发展。专业图书馆通过收集科研数据和科技成果信息,建立科技成果平台,以及政府主导的创新创业平台,让所有创新创业主体,包括中小企业打破地域限制,在同一平台进行创新思想交流、创意分享、创新项目讨论等,还可进行创新创业知识、创新创业政策、知识产权等咨询。所以,以图书馆为主导的创客空间、创新平台和产业基地的联合和协同服务模式一方面能为中小企业创新提供规划设计平台,另一方面能促进中小企业创新成果的落地实施。这样的空间资源协同在我国已有先例,如中科院文献情报中心立足于自身知识服务模式的平台,与科技孵化器企业共建平台的阵地服务;广东科技图书馆与南方报业集团共同打造的"南方双创汇平台";上海图书馆在原来的情报服务平台上成立了产业图书馆;等等。这些空间资源协同不仅支持中小企业的专利查新、信息监测、技术研发等,还引导中小企业无障碍使用低成本的公共服务资源,降低创新成本。

(5)"图书馆+学科专家+商业知识产权服务机构"专利协同服务模式

在国家知识产权强国战略的持续推进下,国内专利的申请数量连年增长,越来越多的科研单位及企业迫切需要专利信息服务来提高创新能力和市场竞争力。"双创""一带一路"等国家重大举措的实施,为中小企业创新提供了广阔的发展空间。2016年,国家知识产权局联合工业和信息化部出台了《关于全面组织实施中小企业知识产权战略推进工程的指导意见》,意见指出要引导中小企业实施知识产权战略,提升知识产权的创造运用和保护管理能力,促进中小企业创新发展。中小企业作为我国市场经济中数量最多的市场主体,其专利技术创新也多,专利信息服务对其意义重大。而中小企业由于自身资金、规模、认知等原因,缺少专门的知识产权服务团队,专利信息意识淡薄,获取渠道受限,没主动寻求专利信息服务的意识,不能很好地利用专利服务平台。

专业图书馆和公共图书馆为中小企业提供专利服务是其服务社会的重要内容。为促进高校图书馆开展社会知识产权服务,2021年国家知识产权局和教育部联合修订了《高校知识产权信息服务中心建设实施办法》,其中第八条规定:鼓励高校发挥知识产权信息资源和人才优势,为地方经济社会发展提供公益服务或者低成本、专业化的有偿知识产权信息服务。在梳理文献和实地调研中发现,无论哪种类型的图书馆,在专利信息服务方面都存在共性的问题,即提供的多是专利的检索、查新、分析和专利侵权风险分析等基础服务,缺少专利预警、专利战略研究等深层次服务,与中小企业实际需求有一定差距,服务优势不如商业知识产权服务机构。加之,中小企业在创新研发过程中,不同的企业以及同一企业在不同的阶段需要不同的专利信息服务进行支撑,所以需学科专家给予个性化指导。因此,可采用图书馆+学科专家+商业知识产权服务机构三方智力协同模式,为创新过程中的中小企业提供专业的、高质量的、多元化的专利信息服务。

在三方共智的专利服务模式中,图书馆利用资源优势为中小企业提供诸如专利资源导航、专利检索、专利查新等基础专利信息服务。行业学科专家利用学科优势,或长期服务社会企业的经验优势,为不同的中小企业在不同的创新阶段提供差异化的专利知识培训、专利技术指导、专利成果转化、专利战略分析等服务,利用专业化服务优势取得中小企业研发人员或管理人员的信任,以便保持长期的合作关系。商业知识产权机构在国家政策的推动下,发展壮大迅速,能为中小企业提供图书馆不能提供的专利预警、专利战略分析等高端专利信息服务,且商业知识产权服务机构在中小企业中有着较高的认可度。所以,面对复杂且专业性极强的专利服务来说,三方合作更能提供高质量服务。

4.4 面向大学生创新创业的服务模式

大学是人才的策源地,也是创新的策源地,大学里的大学生不仅是"大众创业、万众创新"的重要生力军和有序推动者,也是未来返乡创业群体的重要组成部分。其创新技能和创业本领对整个社会的创新创业发展和社会共同富裕的实现有着重要的影响。然而,诸如缺乏创业知识和技能、缺少专业情报老师指导、获取创业信息渠道窄等突出问题制约大学生不能科学地进行创新创业规划和实施,最终可能导致轰轰烈烈的创新创业成为一场普普通通的社会实践活动,达不到创新创业的实践目的,达不到国家创新人才培养的目标。图书馆尤其是高校图书馆作为知识和信息的集散地,作为大学生信息素养教育的主要承担者,可充分利用自身资源和人才优势围绕大学生创新创业所遇到的难题重新进行服务定位,创新服务模式,助力大学生创新创业思维的培养和理性创新创业。

4.4.1 大学生创新创业的概况

青年大学生作为国家未来发展的主力军,是未来社会潜在的创新创业群体,为此,我国越来越重视对"创新、创业、创优"三创人才的培养,连续出台有关高校创新创业教育的规章制度和文件要求,各方提供保障促进高校创新创业教育的推广,建立国家级的创新创业大赛平台,每年组织各种创新大赛,促进大学生创新创业实践活动的开展。在各项政策的推动和高校教育的促进下,大学生的创新创业行为和意愿逐年提高。在 2020 年的大学生创业报告中,显示 2020 年在校大学生表现出创业意愿的比重为历年新高,高达 49.86% 的在校大学生有较强烈的社会创业意愿。在 2021 年 4 月份深圳大学城 13 所高校大学生的 814 份回收问卷中,有 65.9% 的问卷对象在过去两年内参与过创业类项目或者挑战杯、互联网、三创赛等比赛。有过社会创业项目经历的高校青年有 517 人,占比 73%。多项数据表明了大学生对创新创业的积极态度。大学生的创业意愿除受自身家庭因素、个体特征影响外,政府和社会对创业的支持、高校的创业理论教育和实践活动均对在校大学生的创业意愿、创业动机及创业企业绩效有显著的积极影响。

4.4.2 大学生创新创业的环境分析

随着国家和社会对大学生创新创业的重视,各个高校在国家政策的支持下和教育部教学改革的要求下,纷纷开展大学生创新创业教育,并组织进行大学生创新创业实践活动。但纵观目前大学生创新创业的现状,依然存在诸如创新项目雷同、项目产品定位盲目、项目资金后续投入不够、创业团队获取市场情报信息不准等问题。造成目前现状的原因有客观的政策环境、文化环境、空间环境和信息环境等因素,也有大学生自身的创新创业知识和技能缺乏、准确情报信息获取有难度等主观原因。

(1)政策环境:政策支持不完善

随着"大众创业,万众创新"的持续推进,从国家到地方均出台了一系列促进创新创业的政策和文件。国家级的如教育部与财政部联合发布的《关于实施高等学校创新能力提升计划的意见》(教技〔2012〕6 号)、国务院《关于深化高等学校创新创业教育改革的实施意见》(国办发〔2015〕36 号)、国务院《关于推动创新创业高质量发展打造"双创"升级版的意见》(国发〔2018〕32 号)等。地方政府制定的创新创业相关的政策内容更多,尤其是省级政策,涉及的内容有发展创客空间的设施意见、创新创业实践基地的建设、创新创业课时及学分的设置、创新创业融资、信贷等。高校及高校图书馆在国家和地方政策的双重支持和引导下,也纷纷结合实际情况建立创客空间、创新创业平台、创新创业学院、创意科技产业园等,以促进大学生创新创业的实践和创新人才的培养。然而,从目前大学生创新创业的成果看,政策支持并不完善,表现在:创新创业政策几乎每年都在调整,但针对高校的比较少;有些政策流于形式,不好落实,如大学生创业贷款的落实,往往会因所需资料多,手续烦琐而落不到实处;大学生创新创业失败后的保障措施不到位,没具体的创业失败保障方法;专项扶持资金比较少;等等。政策的不完善,成为阻碍大学生创新创业的重要环境因素。

（2）文化环境:创新创业文化氛围不浓

创新创业文化是在一个长期的创新创业活动中逐渐形成的开拓创新的文化氛围,包含多个方面。所以创新创业文化环境分为精神文化环境、教育培训环境、政策扶持环境与物质支撑环境四个子环境。前两者可视为软环境,后两者视为硬环境,软硬环境相互促进,相互补充,形成推动创新创业活动的文化环境体系。目前高校大学生的创新创业文化氛围虽有地区差异,但整体上不算浓郁,原因有以下几点:大学生受新媒体的负面影响造成创新精神不足,不愿意接受挑战,乐于安于现状;创新创业政策宣传不到位,典型案例吸引不够,或扶持力度小,激发不了大学生创新创业的兴趣,意愿性不强;创新创业课程设置及实践规划不足,理论知识太多,实践应用少,脱离实际情况;融资环境和物质支撑不够,让大学生有资金顾虑和后顾之忧。缺乏良好合作和支持的创新创业文化环境直接影响大学生创新创业的意愿和行为的发生,毕竟,一个人所处的文化环境从某种意义上说直接决定了其对事物的看法和认知。浓郁和谐的创新创业文化环境会在潜移默化中促进大学生形成创新创业意识,而后在认同创新创业价值的基础上,进一步激发创新热情,培育创新精神,从而引导创新创业行为的发生和创新创业成果的完成。

（3）空间环境:创客空间作用发挥不够

2015年国务院办公厅印发了《关于发展众创空间推进大众创新创业的指导意见》,提出要加快构建众创空间,构建低成本、便利化、全要素、开放式的众创空间。至此,社会创客空间建设迅速发展并影响到高校校园,一时间,无论是高校图书馆自建的,或联合建设的,或以学校其他单位主导建设的以不同名称命名的创客空间、创意空间、创意盒子等纷纷落成,通过讲座、DIY手工展示、路演等开展活动,激发大学生创新创业的兴趣和热情,促进和提高大学生的创新思维和创造能力。然而,在实际的创客空间服务中,在调研中得知,其对大学生创新创业实践活动的促进作用并不大,经调研发现原因有二:一是创客空间的自身原因。由于刚开始经验不足,在选址和设计中未能做到统筹规划,资源配置陈旧不合理,后期资金投入少,运行维护不够,缺少运营机制,造成服务项目少,对大学生的吸引不够。二是创客空间服务主体和服务对象的原因,即缺少参与主体和高质量服务团队。表现在大学生的参与度低和服务团队的服务水平低,有大学生自身对创新创业认识不够的原因,也有服务团队不能很好地用专业知识进行服务,不能联合更多的创客团体,尤其是社会创客团体的联合不能开阔大学生的思维,进行更广范围的交流,进而激发创新意识,促进知识转化。

(4)信息环境:新媒体的冲击较强

在第47次《中国互联网络发展状况统计报告》中,截至2020年12月,在我国网民群体中,专科学历以上学生占比近20.00%。尤其是新媒体的应用,即时通信、网络视频和短视频在应用时长上占比排前三。不可否认,新媒体因及时性、交互性、开放性和自由性等特点已成为当代大学生不可分割的一部分。在大学生享受着新媒体带来的海量资源、个性的交互方式、趣味的视频欣赏带来的短暂愉悦时,也悄无声息地受着其负面的影响,表现在:一是新媒体传播的信息多数审核把关不严,真假难辨,会给信息鉴别能力不强的大学生造成误导和错觉,严重的会上当受骗。二是一些无学习目标和创新思维的大学生容易自我沉迷在虚拟世界中,或玩游戏,或观看无知识内容的短视频,对现实世界中创新创业技能的提高无感知、无兴趣。三是受网红现象、一夜暴富的新闻等影响一些大学生虚荣投机,不愿意埋头勤学苦练,即使有了创新创业想法,也不愿脚踏实地进行知识的积累和技能的提高,而是投机取巧,盲目创业,一旦失败,自信心深受打击。不可否认新媒体在大学生创新创业实践活动中的正面积极作用,但也不能忽视其带来的负面影响。

(5)知识环境:创新创业知识与技能缺乏

大学生相对其他创新创业主体来说,其创新不是简单的"技术创新",而是一种主观创造力与自身知识的充分结合,其创业也不是简单的"就业创收",而是一种更高层次的技能展现,是所学知识与社会的融合。鉴于此,大学生的创新创业需要多样的知识和技能,这也是为何全国各地开展大学生创新创业教育的原因所在。创新创业知识与技能的积累是一个长期的过程,不仅包括创新创业基础知识,还包括创新思维能力、创新实践能力、经营管理能力、情报信息获取能力等技能。我国对大学生创新创业的教育在国务院 2015 年印发了《关于深化高等院校创新创业教育改革的意见》后,才开始得以重视,各个学校实施的情况又参差不齐,所以短时间内很难大规模提高大学生的创新创业技能。另外,对大学生创新创业来说,收集情报信息尤为重要,准确的情报信息不仅可助力创业决策,还能保障创业效果,而这些即使是创新创业指导老师,也很难给予正确的引导和教育。再者,大学生创新创业团队无专业情报获取能力、无创新素养教育、无专业情报指导老师等问题,是影响其创新创业知识积累和技能提高的重要因素之一。

4.4.3　大学生创新创业服务需求内容及特点

课题组以中原工学院在校生为调查对象,对参加"创新杯""挑战杯"等竞赛类创新群体、跟着导师做项目的科学研究类创新群体,以及创新科技园的毕业生创业群体,三大类近八百名校园创新创业群体进行了走访调查和问卷调查,主要从"创新创业过程中的困难有哪些""在创新创业过程中希望图书馆能提供什么样的免费服务""创新创业的成果如何"三大方面了解当代大学生创新创业的情况。其中,对大学生创新创业过程中的服务需求进行了数据汇总,具体如表 4-1 所示。

表 4-1　大学生创新创业主体的服务需求内容

大学生创新创业主体类型	需求内容
竞赛类创新主体	数据库资源服务 项目申报查新指导 创客空间服务 成果转化助力 组织培训及经验分享服务 知识产权服务 咨询服务 创新素养、韧性素养教育

续表 4-1

大学生创新创业主体类型	需求内容
科学研究类创新主体	数据库资源服务 科技查新服务 研究成果验证服务 信息素养教育 信息管理与写作指导服务 咨询服务
创业类主体	数据库资源服务 创新创业政策咨询服务 创新创业平台服务 创新创业专业及课程资源服务 创业项目培育 创新素养教育 组织培训及经验分享 知识产权服务 创业成果推广辅助服务

梳理大学生创新创业主体的服务需求内容,结合采访和网络调查反馈数据,不难发现大学生创新创业信息服务需求呈现的特点:

第一,动态持续性。从选题到立项、立项到研发、研发到推广,大学生创新创业主体在不同的阶段都希望能得到图书馆的指导和帮助,如前期的选题指导和立项规划分析,中期的嵌入知识服务,后期的转化认证和帮助推广等,在整个创新创业过程中都希望能得到图书馆或其他服务机构在政策上给予解读和引导,在数据上给予分析和佐证,在资源上给予保障,在精神上给予鼓励,等等,具有动态持续性特征。

第二,服务及时性。大学生创新创业是培养思辨能力和动手实践能力的反复实践过程,在这一过程中,难免会有困惑和问题,会有退缩和放弃。当问题出现时,大学生最希望的是能得到及时的帮助和应对的服务,希望能第一时间内与服务人员及时沟通,释放疑问解决问题,服务需求及时性特征明显。

第三,需求差异性。虽然都是大学生创新创业主体,但有竞赛类的、有科研类的、有创业类的,他们之间的服务需求因创新创业内容不同存在着明显的差异,即使同一类创新创业主体,在不同的创新创业阶段对服务的需求也不一样,需求呈多样差异性。

第四,知识精准性。创新不是简单的重复,而是知识的加工和再造,虽然当代大学生的信息检索能力不弱,但如何从众多资源中提炼出创新创业所需的知识内容还需借助图书馆的帮助,希望能获得细化的、活化的精准知识解决其创新创业过程中的知识难题。知识的精准性需求特征明显。

第五,内容实用性。对于无职场经验、无创业经验、无创新经历的大学生来说,其所需求的市场情况、产品技术、市场定位、产品研发等情报需求内容更需突出实用有效,这样才能真正帮助大学生在创新创业前及时了解相关的新技术、新产品的动态,预测市场风险及需求变化,降低创新创业的风险和成本。

4.4.4 高校图书馆服务大学生创新创业的趋势和定位

(1)高校图书馆服务大学生创新创业的趋势

自 1998 年清华大学创业计划大赛以来,学者们开始围绕大学生就业创业服务展开研究。2002 年教育部确定北京大学等 9 所大学为我国创业教育试点院校之后,研究集中在图书馆如何为创业教育服务上。2012 年教育部颁发了《"十二五"期间实施国家级大学生创新创业训练计划》的通知,学术界及图书馆界对校园创新创业服务的研究才开始升温,但实践并不多,这一时期的研究内容集中在图书馆的信息服务、大学生能力培养、大学生心理指导、实践案例等方面。2014 年李克强总理在夏季达沃斯论坛上提出"大众创业,草根创新"理念。2015 年以后,国务院办公厅持续发布了《关于深化高等学校创新创业教育改革的实施意见》《关于建设大众创业万众创新示范基地的实施意见》《关于强化实施创新驱动发展战略进一步推进大众创业万众创新深入发展的意见》,"双创"教育及实践活动在校园内开始如火如荼,图书馆逐渐融入大学生专业职业工匠精神的培育和双创知识技能的培养。

面对大学生创新创业这一特殊的群体,高校图书馆作为知识中心和学习中心,主动参与创新人才的培养是顺应国家双创与各类教育资源融合发展的需求,也是高校图书馆顺应改革承担社会职责的表现。高校图书馆作为校园文化高地,也是全面落实学校素质教育的基地,参与或提供有特色的"双创"服务活动,有利于活跃大学生思维,培养创新精神,促进大学生创新素养的提高。国际图联曾在相关报告中指出:图书馆能够通过推动创新,刺激经济增长、催生新的产业部门、创造新的就业机会,是创新体系的支柱。[①]所以,高校图书馆支持并投入大学生的创新创业活动不仅是时代变革的推动,也是本职属性使然。纵观各高校图书馆,无论是专业化嵌入式主动服务,还是有效扩充双创服务平台,无论是面向校内产学研的直接服务,还是面向校外产教融的间接服务,无论是创新素养和信息素养教育的融合,还是数字人文创客空间的融合,都在积极努力实践着,探索着,足以看出高校图书馆服务大学生创新创业的姿态和使命感,未来也将会成为图书馆的业务亮点。

(2)高校图书馆服务大学生创新创业的定位

高校图书馆在大学生创新创业服务过程中有丰富的馆藏资源、专业的学科馆员和熟练的业务基础优势。从图书馆服务大学生创新创业的发展趋势来看,高校图书馆作为知识中心、学习中心和知识创新服务平台,在大学生创新创业中的角色定位如下:一是情报咨询机构。通过对市场情报信息(某一产品、技术)的采集和分析,建立专项数据库,为大学生提供情报信息咨询、创新创业项目评估等咨询服务。二是创新创业文化高地。通过创客空间文化、创新文化活动等打造创新创业文化高地,给大学生提供展示创新创业成果的舞台和空间,以创新创业文化引导和激发大学生的创业志向和创新精神,发挥文化氛围对创新人才培养潜移默化的影响作用。三是创新素养教育者。扩充图书馆承担的信息素养课程内容,将大学生创新思维和创新能力培养融合到信息素养课程体系中,进行大学生韧性素养的培养,达到创新素养教育的目标。四是创新创业公益资助平台。高校图书馆可联合学校其他部门或社会组织成立大学生创新创业公益基金,免费资助具有可

---

① 王开颜.面向大学生创新创业(双创)实践能力培养的高校图书馆新服务模式研究[J].图书情报导刊,2020,5(8):14-19.

行性的大学生创新创业项目,解决其创新创业过程中的资金难题。也可将项目评估和创业项目信息搜集等情报密集的工作由资助平台来完成,让有创新创业想法的大学生没顾虑地融入进来,壮大大学生创新创业的力量和队伍。

高校图书馆立足上述的几个角色定位后,除提供传统的信息资源服务外,面向大学生创新创业提供的服务定位如下:一是创新创业项目评估报告。无论是创新项目的选择,还是创业方向的确认,为了降低失败概率,为大学生提供创新创业项目评估报告,帮助其找准项目,找准方向,不重复创造,不盲目创业。所以,高校图书馆可通过建设项目情报分析及项目评估报告的专项信息库,为大学生提供针对性服务,降低创新创业的风险和成本。二是提供专业咨询服务。无论是对创新创业政策的疑惑,还是对创新创业项目的犹豫,都可向图书馆进行咨询,只要跟创新创业有关的内容,高校图书馆都可采用向内自行分析与向外专家求助相结合的方式及时为大学生答疑解惑。三是创新创业成果展示服务。通过创客空间或创新创业平台,将大学生的创新创业成果,或其他社会成功案例向大学生进行展示,大学生通过浏览或欣赏这些成果不仅是学习的过程,也会受影响从而激发起创新创业的兴趣。四是创新创业素养教育。拓宽信息素养课程体系内容,将大学生的信息素养与创新素养、韧性素养教育结合起来,通过训练或实践,获得一系列关于创新的技巧与能力,使大学生能灵活应对变化,面对失败能找到解决问题的办法,懂得如何自救或向他人求救。

4.4.5 面向大学生创新创业实践的服务模式

大学生创新创业面临的环境在不断发生变化,无论是政策落实得不够好、创新创业文化氛围的影响,或是知识技能积累的缺乏,抑或是新媒体的双刃剑影响,等等,都会使得大学生在创新创业活动中面临一些障碍和问题,需要针对性的服务来指导。因此,面对大学生创新创业的服务需求,图书馆除重新进行角色定位和服务定位外,还需结合大学生的需求特点,采取针对性的服务模式,推动大学生的创新创业进程,助力高校创新人才的培养。

（1）普适服务与点对点相结合的精准服务模式

大学生创新创业服务需求的内容和特征显示,其对高校图书馆的服务期待虽不再局限于知识文化传承与一般的信息资源服务,但也具有明显的共性特征,所以围绕创新创业的一些如创新创业课程资源提供、创新创业政策导航、创新创业专题数据库等普适性服务还不能丢掉,但最重要的是为大学生提供点对点、一对一的个性化创新创业服务,尤其是其升级版的精准服务。精准知识服务是以用户需求为出发点和导向,根据服务过程中用户知识需求的动态变化匹配知识资源,具有精准化和智能化等特点的服务。这与大学生创新创业的需求特征相一致,符合大学生个体多样、需求多样化的实际情况,对大学生实施精准服务不仅有利于高校图书馆与大学生创新创业群体形成良性互动与循环,激发大学生的创新创业热情,同时也能通过高质量的精准知识服务体现高校图书馆的服务水平和服务价值。

首先,精准知识服务是点对点、一对一"向式"个性化服务的升级,因此,实施精准知识服务的前提是对大学生创新创业服务需求的准确挖掘和定位。只有认真挖掘和分析不同大学生的创新创业需求内容,才能找准服务切入点,结合个性需求制定精准知识服务措施。其次,数据挖掘、可视化呈现、服务平台建设、服务交互功能等都是影响精准知识服务的重要因素,因此,图书馆需充分利用技术的支撑,尤其是社交媒体的交互功能,加深与大学生创新创业群体的情感交流,拓宽精准知识服务的途径。最后,知识的多样表达、易理解性和细化程度是影响精准知识服务效果的核心要素,因此,在服务过程中,要细化知识的层次和粒度,除了利用技术支撑外,还需靠馆员的服务能力,用馆员智慧进行知识的多样化表达,让大学生更容易理解接受并吸收利用。总之,普适服务和精准服务相结合,服务大学生的创新创业实践既能满足大多数大学生的一般共性需求,也能解决个性的差异化需求。

（2）数字人文与创客空间相结合的嵌入式服务模式

数字人文被称为高度协作的跨学科领域,是数字技术与人文相结合的学科,专注创新、教育和研究,专注在传统人文教育的基础上,促使大学生参与知识的演绎,增强其批判性、推测性、创意性思维和设计能力。国外图书馆很重视数字人文教育中的人文属性和技术工具与大学生创新创业的紧密配合,如塞勒姆州立大学图书馆设立数字人文馆员和创业馆员岗位,通过嵌入式服务等方式提高大学生的整体数字人文和创业素养。亚利桑那大学图书馆的 Ispace 建设,将数字人文和创业精神融合,帮助数字人文学者使用技术来解决超越传统的研究问题。我国数字人文与高校图书馆的服务相结合的研究虽较晚,但已有学者从理论与实践层面提出创新创业与数字人文的融合、创客教育与数字素养教育的融合、数字人文与创客空间的融合等,探究数字人文对图书馆服务的影响和推动。

将数字人文与创客空间融合,一起为大学生创新创业服务,不仅可针对性地开展数字人文教育培训,也能提高图书馆创客空间的数字人文价值。将二者融合进行嵌入式服务,更能丰富和支持大学生沉浸式体验学习模式,促进大学生数字人文素养与创新创业实践技能的提高,进而提高大学生创新创业的竞争力。二者的融合注意以下几方面:一是丰富校园创客空间内容,将数字技术与人文教育充分结合起来,创建数字人文创客共享空间,体现空间场所的数字人文属性和价值。二是采用联络馆员、馆员+专业导师、馆员+创业导师等多形式嵌入大学生创新创业进程中,将数字人文教育与技术工具应用结合起来,为大学生提供多形式、差异化数字人文教育和指导服务,促进大学生学科专业知识与创新创业知识技能的互融和促进。三是充分发挥部门合作优势,将学校的创客学院、创新创业中心、信息技术中心、图书馆等机构联合起来给大学生提供数字素养、媒体素养、创新素养、韧性素养、创业思维培育等服务,从而创建数字人文创新创业服务环境。

(3)创新教育与信息素养教育相结合的联合培养模式

在信息时代,信息素养是科学素养的重要基础,同时也是培养创新能力的重要保证。大学生的信息素养主要通过相关课程和实践活动得以培育和提高。信息素养课程从文献检索到信息检索,再到信息素养,历经多次变革,但面对大学创新创业人才的培养,目前的课程内容还缺少创新创业的目标驱动性,缺少与学科专业教育的结合,缺少与创新素养教育的融合,仍以"教"为主,缺乏对大学生学习行为的指导,不利于大学生自主学习能力和创新能力的培养。创新素养是通过训练或实践,获得一系列关于创新的技巧与能力的统称,这是创新型人才培养的基本素养教育。目前大学生创新素养主要存在创新意识不足、兴趣不强、创新精神不足、创新实践匮乏等问题。将创新素养与信息素养教育相结合,加强信息素养中创新思维与韧性素养的培养,优化人才培养模式,提高教育质量,同时也提高图书馆的服务育人能力。

很多高校的信息素养课程主要是通过图书馆承担的《信息检索》课程完成的,且多是以技能培训为导向,缺少与创新创业相结合的课程内容。将创新教育与信息素养教育相结合需做到以下两点:①将信息技能融入大学生的学术研究和创新创业活动中,开展面向"双创"实践过程的信息素养培训,在大学生创新创业的前期、中期和后期,进行不同需求的指导和培训,提升大学生在具体情境中获取信息、鉴别评价信息和综合利用信息的能力,促进创新素养的培养。②与创新创业老师合作,组成馆员与教师联合的教学团队,开展合作式教学,这在国外高校图书馆已开展实践应用。信息素养课程教师与创新创业教师联合设计教学内容,将信息技能课程融入创新创业教育课程体系中,培养大学生在专利查新、专利申请、产品研发、市场信息收集、创业管理等方面的能力,将创新技能培养渗透到创新创业教育的各个环节,推动创新创业教育的创造力。

(4)自建自营与跨界融合相结合的协同共享服务模式

李克强总理多次在全国"双创"活动周上强调要深入实施创新驱动发展战略,进一步培育融合、协同、共享的"双创"生态环境。协同共享是知识经济时代最佳的合作模式,也是降低服务成本的最好方式。面向大学生创新创业需求的内容及现状,高校图书馆可借鉴互联网思维采用自建自营和跨界融合相结合的协同共享服务模式开展服务,利用互补优势提供不同服务内容,满足多样需求。"自建自营"强调图书馆凭借自身能力打造系统的创新创业服务体系和内容,"跨界融合"强调图书馆利用痛点思维和社会化思维寻找跨界入口,与社会专业服务机构或其他单位组织、人员等进行资源、服务互补对接,实现合作共赢。

自建自营与跨界融合相结合的协同共享服务模式包括:第一,服务资源的协同共享。创新创业服务需多种资源类型,需进行资源整合和集成,以大学生校园创新创业服务为目标,将校内外、馆内外,以及网络开放获取资源进行不同程度的采集揭示、加工处理、分析研究等,多途径地向大学生创新创业者宣传创新创业服务资源的类型,做好资源保障。第二,服务主体的协同共享。发展高校图书馆创新创业服务馆员+学科专家、创新创业服务馆员+创客者、创新创业服务馆员+产业人员、创新创业服务馆员+创业导师等不同身份结合的服务主体共享模式,提供馆员咨询以外的创新创业指导、分享、路演、转化等创业推广服务。第三,服务平台的协同共享。除与校内的科技园、孵化器、创新创业学院、创新创业中心、商学院等部门之间的协同外,还需重视与其他大学图书馆、公共图书馆的合作,以及企业和社区的多方合作,尤其是与社区的合作,如密歇根大学图书馆 Shapiro 设计实验室由社区创客们参与科学过程的若干项目,探索机器的学习、空气质量监测和社区测绘等,多个平台协同共享创建协同化的创业服务生态圈。

(5)管理平台与服务平台融一体的服务模式

"互联网+"为大学生创新创业从理论研究到实践应用都提供了条件。"互联网+"模式降低了大学生进入创新创业的门槛,其工作时间灵活,投入成本低,深受大学生创新创业主体的喜爱。在国务院下发的《关于深化高等学校创新创业教育改革的实施意见》(国办发〔2015〕36 号)中,也明确提出了到 2020 年要建立健全课堂教学、自主学习、结合实践、指导帮扶、文化引领融为一体的高校创新创业教育体系。纵观目前的建设成果,部分高校已完成任务,建设了集教学指导、资源共享、分享交流、孵化转换、成果管理为一体的大学生创新创业教育服务平台。如西安交通大学的创新创业教育网络服务平台、武汉理工大学的国家级大学生创新创业平台等。国际级的、地方级的大学生创新创业平台在各项政策的支持下异彩纷呈,功能完善,包括创客空间、创业园区、创业项目推广等功能。

管理平台与服务平台为一体的服务模式中,可满足以下几方面的功能需求:一是满足大学生创新创业的教学指导。即提供在线课程和在线教学指导,不仅可在线给不同需求的大学生定制不一样的课程内容,还可将学生的学习体验及时反馈给指导教师,便于教师进行一对一,或多对一的教学指导。二是实现创新创业的交流共享。包括不同兴趣爱好的大学生创客主体可在平台建立数字微社区进行创新创业相关内容的交流分享,也包括大学生与创业成功者、专家、企业、其他研究单位之间的专业性咨询交流,还包括一些创新创业竞赛信息、市场需求信息、创新创业政策等的提供与分享。三是促进创新创业成果的孵化。即通过平台的中介作用,给大学生创新创业项目的资金、技术提供支持渠道,促进大学生创新创业半成品的技术协助,成品的推广孵化等。四是实现创新创业项目的管理。通过创新创业项目的开放式管理,各方可进行项目的查询、参考等,将管理变成服务。集多种功能为一体的平台服务,通过多个功能模块的设置将大学生的创新创业理论教学和实践应用融入信息化和网络化的高效管理中。

4.5 面向社会个体创新创业的服务模式

从历史唯物主义角度看,"双创"强调每一个普通人的贡献,正如习近平总书记说的,人民群众才是历史的创造者。从社会分工发展来看,发明、创意不再是少数人的专利,而是逐渐回归大众,草根创新创业者越来越多,尤其是互联网时代,创新创业终究是要走向大众化,社会个体要成为参与创新创业的一分子。从世界科技进步看,信息技术的发展使人们之间的社会关系比以往任何时期都更加多样、紧密,各种创新资源比以往任何时候也更加容易协同、集成和共享,所以个人化的创新创造容易跟社会化生产统一,容易形成创新创业潮流。然而,创新创业不是一蹴而就的事情,也不是一创就能成功的事情,会受到各种因素的影响,尤其是身单力薄的社会大众个体,更需要引导和服务,图书馆作为公益性组织,理应履行社会服务,为社会大众进行公共服务,其中包括创新创业服务。

4.5.1 社会个体的创新创业现状

国家持续不断颁发的"双创"政策对社会个体的创新创业提供了很大的鼓励和支持,不论是返乡毕业生、新生代农民工,还是退役军人、其他社会个体,纷纷投入创新创业的浪潮中。各地区活动内容缤纷多彩,如长三角的巾帼创新创业峰会为女性创新创业者搭建平台共享资源,让更多妇女在新时代的创新创业活动中精准把握新科技革命和产业变革大势,不断增强创新创业本领,在创新创业浪潮中发展自己、实现梦想。由海南省退役军人服务协会和海南战友集团联合举办的"海南战友创业交流会"凝聚战友力量,为退役军人创新创业提供交流分享平台。长株潭培育的"乡创客",已连续三年举办乡村创新创业训练营,吸纳返乡农民工、返乡下乡大学生、退役军人中有立足乡村创业愿望的群体,进行农村电商、民宿民居、农庄农家乐、非遗文创等方面的创新创业人才培养,帮助更多的"乡村追梦人"实现梦想。各地举行的各种创新创业大赛也在不断促进大众个体创新创业行为的发生。2020年的中国青年创业报告显示,大学生、农民及农民工是创业主力军,在6000多份的调研对象中,56%为首次创业,且超九成创业者体验到了幸福感和成就感,受访的青年表示创业是为了自己工作,是为了美好生活。所以,大众个体创新创业无论是从创业精神,还是创业数量和质量都看出了大众对创新创业的积极态度和幸福是奋斗出来的执着信念。同时也不可否认,他们对融资、创业培训、财税优惠和创业服务的呼声也越来越高。

4.5.2 影响社会个体创新创业的因素分析

社会大众个体在创新创业过程中身单力薄,不仅要善于发现和利用资源,还要努力突破和寻找新的机会,同时还要受环境因素、背景因素、个体特征等因素的影响而必须承担一定的经济、社会风险。所以,分析影响社会大众个体创新创业的影响因素和困境,明确努力方向并找对方法,促进创新创业的顺利进行,创造出更大的社会价值和经济价值。

(1)环境因素

环境因素包括经济环境、科技资源环境、文化环境、服务环境、金融环境和政策环境等。很多学者从不同角度肯定了经济的增长对大众创新创业的催生、引导等重要作用,尤其是数字经济的赋能,它不仅能激发社会大众创新创业的激情,还能降低创新创业的成本,轻资产、科技金融结合成为数字经济环境下创新创业项目的特点。科技资源环境主要指某一区域的科技战略发展积累和地方政府的科技支持情况,很多地方通过实施各项计划促进科技转型升级,极力促进科技从"制造"到"智造"的变革。良好的技术环境支持不仅能给大众创新个体信心和鼓励,也能降低大众创新的风险和担忧,进而促进大众创新意愿。文化环境主要是指创新创业文化氛围及个体所处区域的文化特征等。崇尚创新创业的文化氛围能在潜移默化中激发大众个体形成创新创业意识、敢于尝试创新的勇气。在文化中培育创新创业精神，反过来再促进创新创业文化的建设。个人所处地区的文化特征会影响大众创新创业的选择和方式，比如经济发达的信息文化浓郁地区，社会大众进行科技型创新的选择会多些，而一些传统文化厚重的地区，大众选择文创方向的会多些。

服务环境不仅包括社会化服务机构提供的服务内容，也包括政府提供的具有中介性质的创新创业服务平台建设，以及创新创业服务体系的建设。高效的创新创业服务平台、多类型的创新创业服务主体、精准多样的服务内容等良性的服务环境不仅能提高大众创新创业的积极性和热情，还能提高创新创业的成功率和效率。金融环境主要是指支持大众创新创业的融资渠道和政府资金支持力度等。金融资本的流通、集聚、融资的成本等都会影响大众创新创业的开始及未来发展。政策环境涉及的内容比较多，包括基础设施建设、财政金融、成果转化、知识产权保护等政策，政府政策的普及度、社会公众对政策的认知度都会影响大众创新创业意愿和行为的发生。总之，各种环境因素交织在一起将会影响大众创新创业活动的开展，且呈正向影响关系。

（2）背景因素

背景因素主要包括正式制度、非正式制度、社会资本、人力资本等。正式制度以成文的正式文本存在，主要指法律法规。法律法规具有一定的约束力和权威性，和创新创业相关政策一起对大众创新创业活动起积极的推动作用，目前我国出台的创新创业法规主要是针对企业的，个体的几乎没有。非正式制度是以社会大众共同认可并自觉遵守的非文本形式存在，主要指创新观念、价值观、风俗习惯等。非正式制度是在一定的文化氛围中缓慢形成的，并且能推动创新创业文化的加速形成。尤其是非正式制度的社会认可和信任对大众的创新创业有积极的调节作用。社会资本是指个体或团体之间的关系所带来的资源，主要指社会关系网络资源。个体与个体之间、个体与团体之间在重复交往的过程中形成的有效的社会资本能增加社会主体之间的信任,使社会主体更具有冒险精神,促进社会主体利用社会资本去发现并开发创新创业资源,驱动创新创业活动的实施。人力资本主要是指社会大众的个人创新创业技能,这是影响和制约大众个体进行创新创业的重要因素,不同教育背景、不同实践经历、不同创新思维的社会大众个体对创新创业的认识和选择是存在差异的。所以,社会对创新创业活动越认可、社会资本资源越丰富、自身技能越强等将会大大促进个体创新创业的发展,反之,将制约大众自身创新创业行为的发生。

(3)个体特征因素

个体特征是一个人在一定社会条件下和教育环境中形成的比较固定的特质,主要包括个体的能力、经验、信心、创新品质、价值观等。个体特征因素对大众个体创新创业的影响比较直接,拥有一定创新创业意识和善于把握机会的个体,容易在创新创业起步时及时决策。拥有创新品质的人,才有可能进行系列创新活动。经验越足,信心越强,敢于竞争、勤奋求实的大众个体,越能够克服创新创业过程中的难题,实现创新创业的目标。价值观正确的人能认识到创新创业不是投机取巧,而是脚踏实地的创新创造,能认识到创新创业有成功也有失败,有风险也会有回报。有学者研究得出,创新精神、人际交往能力、风险偏好、发现机会能力、创新创业成就感、机会识别效能感都对创新创业动机有正向影响。这说明大众个体的上述影响因素将会直接决定其自身创新创业的开始与否、成功与否、持续与否。而社会大众的个体特质不仅受家庭环境的影响,也会受学校教育的影响,更重要的是受社会资源的影响,而服务资源就是其中一个重要的影响因素。

4.5.3 社会个体的创新创业服务需求

社会大众个体主要包括社会青年、退伍军人、返乡创业者、特殊弱势人群等,也称草根创新创业者。社会个体的多样性决定其创新创业需求内容比前面任何类型的创新创业主体需求都丰富多变,且有很多共性特征。将社会大众个体的创新创业服务需求按咨询类需求、资源类需求、创新创业平台利用类需求、知识产权类需求、培训教育类需求等进行了划分,如表4-2所示。

表4-2 社会大众个体的创新创业服务需求类型及内容

社会大众个体创新创业需求类型	需求内容
咨询类需求	创新创业政策咨询 创业法务咨询 融资渠道咨询 技术咨询 其他业务咨询等
资源类需求	创新创业课程资源 专利文献资源 创业文献资源 各类数据资源 项目专题数据库 创客空间资源等
创新创业平台利用类需求	创新创业知识平台使用 在线组织创新创业大赛 创新项目培育 创业项目孵化等
知识产权类需求	智库服务 情报分析服务 学科知识服务 专利检索、查新、转化等服务 科研成果转化服务等
培训教育类需求	数据素养教育 创新素养教育 韧性素养教育 媒介素养教育 创新创业大赛培训 讲座、论坛等

社会大众作为"双创"主体的主要构成者,虽然其多数受教育程度低,但新媒体的发展和利用给大众提供了开阔视野,了解世界和市场的机会,激发

大众个体产生不少新奇妙想和创新创意。随着社会公共服务设施的发展和完善，大众个体需要更多的是"软服务"，助力其将创意和想法迅速转化为现实产品。这对图书馆等信息服务机构提出了新的挑战，要求从需求导向到服务供给，从创意理解到技术供给，从硬件设施到软件服务等以满足大众个性化需求为创新创业服务的出发点，让所有大众创新创业者都能"用其智、得其利、创其富"。

4.5.4　图书馆为社会个体创新创业的服务模式

为社会公众服务是图书馆履行社会职能的职责所在，以"用户需求"为中心更是图书馆的服务宗旨。无论哪种类型的图书馆，其服务目标最终都是面向具体的人和事而提供符合个体需求的服务。面向社会大众个体的多样化需求，作为服务机构的图书馆不仅要准确研判个体的需求内容，还要能准确把握服务提供的阶段，依据信息生命周期，为个体提供差异性的需求，解决大众个体创新创业中资源获取难、服务获取少、技术支持不够等问题。

（1）以创新创业者为链接点的知识转移服务模式

学者叶洪信[①]认为创新创业是一种思维和知识的具体实践，也是一次隐性知识向显性知识的转换过程，是一个知识的交流过程。所以，面向社会大众个体的创新创业需求，构建以个体为链接点的知识转移服务模式，不仅能促进图书馆从知识存储向知识产出转变，也能更好地实现图书馆与创新创业社会个体的知识价值共创。知识转移包括图书馆与社会个体之间显性和隐性知识的转移，也包括社会个体之间显性和隐性知识的转移。创新创业服务中，显性知识主要是指图书馆提供的各种知识资源和服务，以及创新创业个体明确的知识需求表达等。隐性知识主要指图书馆的知识服务理念、组织文化和合作精神，以及服务馆员和创新创业用户内化的知识等。显性知识转移受社会环境中的技术环境影响较大，隐性知识转移会受到政策激励环境、人文环境的影响。知识转移路径如图4-2所示。

---

① 叶洪信.万众创新创业与高校图书馆服务［J］.图书与情报，2015（1）：134-135，141.

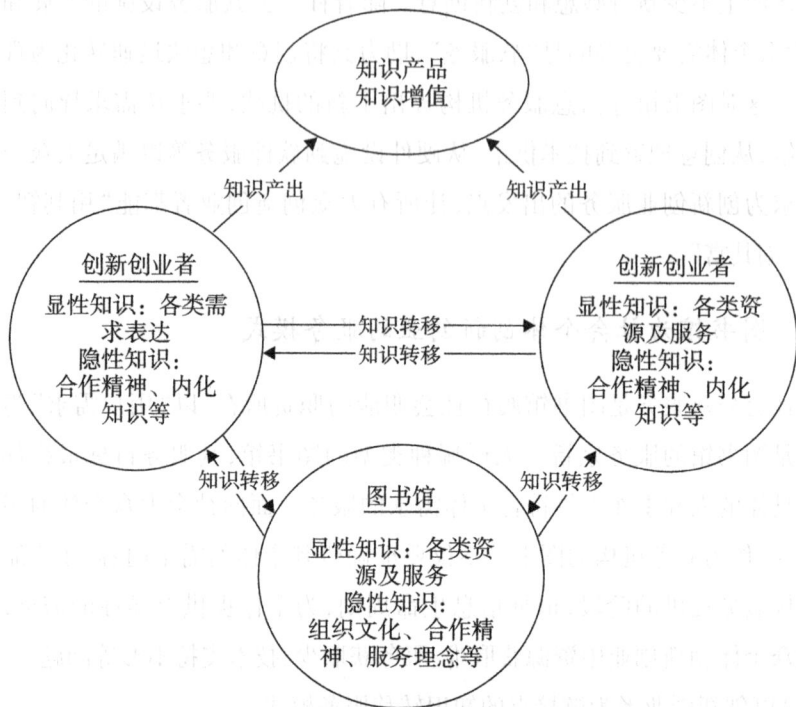

图4-2 以创新创业者为链接点的知识转移路径

由于隐性知识转移具有分享性、开放性和互动性等特征,所以在服务过程中,图书馆与创新创业者需共同努力,重视隐性知识的显化。首先,对图书馆来说,需积极发挥知识转出意愿,培养知识转出能力,充分调动创新创业服务人员的主导性,做好引导创新创业个体知识吸收的意愿,加强创新创业者创新素养和信息素养的教育,构建多渠道、多维度、交互性的知识转移路径。其次,纳入社会化思维,即利用社交媒体促进隐性知识的转移,应用创新创业互动平台和数字社区,这种能体现知识主体关系的网络平台和虚拟社区可激发参与者通过分享、交流和碰撞,产生新的知识体系,有助于隐性知识的社会化状态转移,从而形成知识价值的累积和增长。最后,重视图书馆与创新创业者知识转移能力的提升,可用"知识地图"形式厘清对服务人员知识服务能力的要求,并建立内部管理知识库供服务人员进行学习和提升。也可设计统一知识利益系统和知识转移评价效果体系,使知识转移的转出方和接收方之间的联系更紧密,转移更高效。

（2）以创新创业者价值实现为目的的价值共创服务模式

价值共创理论的核心内涵是以"用户需求"为中心，强调用户的消费体验和共同创造，这契合了图书馆"以用户为中心"的服务宗旨和"用户参与"的管理思想。每一个创新创业用户对价值需求更强烈，符合与图书馆形成价值共创的机理，更容易跟图书馆达成价值共识。加之，创新创业用户寻求图书馆服务帮助的最终目的是实现自身价值的创造，所以在创新创业服务过程中，不仅要认同创新创业者的价值创造角色，强调其价值创造能力，还要以其价值实现为目的寻找服务的契合点。

创新创业服务过程中的价值共创内容包括基于服务主导逻辑的和基于消费体验的两类内容。前者主要指以创新创业者需求为导向，通过聚合、优化、共享创新创业活动所需的各类资源，为创新创业用户提供便捷、开放、免费的服务，在图书馆与创新创业用户的有效互动中形成多元、动态、共生的创新创业服务生态系统，在维持创新创业服务生态系统内外一致、协同发展的基础上，图书馆与创新创业者实现从价值共识到价值共筑，再到价值共创。基于消费体验的价值共创主要由服务产品决定，服务产品是互动交流的重要载体，包括数据资源类服务，与创新创业有关的各类数据资源的检索和利用，创新创业课程资源，数据采集、分析与展示等；创客空间及平台利用类服务，包括创客空间利用、创新创业大赛、创新创业服务平台、创新项目培育孵化服务等；知识产权类服务，包括智库服务、情报服务、学科服务、专利服务，以及科研成果转化服务等；培训类服务，包括创新素养教育、创新创业经验分享等。

以创新创业者价值实现为目的的价值共创服务主要是指服务过程中参与者的愿景是一致的，价值需求及资源识别认同，对价值主张首先达成共识，而后根据价值主张，共同参与到服务项目的规划和设计中，完成双方价值的催化，实现价值共筑。接着，参与者之间完成以形成利益共同体为目标的协同转化，实现价值共享和共赢。最后，通过风险监控和预期反馈，推进价值共创实施，形成价值共创文化氛围，使价值创造在参与者之间进行扩散和影响，最终实现用户的价值创造。如图4-3所示。

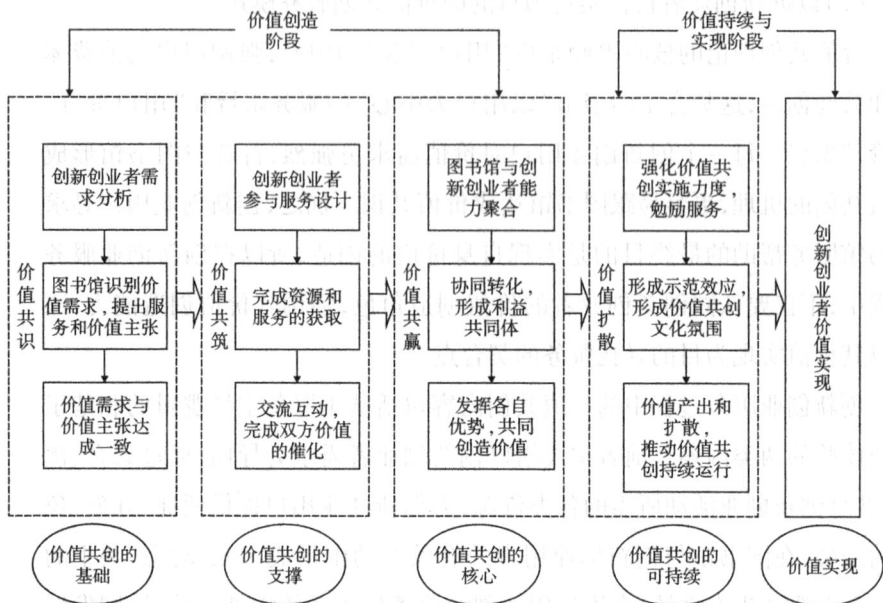

图4-3 以创新创业者价值实现为目的的价值共创流程

（3）以创新创业者交互为主导的社群服务模式

社群实现了人与人、人与资源的连接。在社群中，有内容、有互动，通过群蜂效应，用户在一起互动、交流、协作、感染，对服务或产品产生反哺的价值关系，进而提升服务的深度，增强产品的影响力。比较流行的社群是通过QQ、微信、陌陌、网络社区等互联网产品建立的群组，以线上交流为主，线下活动为辅，两者结合以实现群组成员维系，增加用户黏性，收集产品意见反馈，进行品牌宣传等。在社会分工日益细化的环境下，创新创业不仅是个人行为，也是社会化行为。在创新创业过程中，参与者之间的互动和交流不仅可激发创新创业者的志趣和动能，也能提高图书馆的服务效能，提升创新创业的成功率。因此，建立以创新创业者交互为主导的社群服务模式是图书馆进入信息社会构建创新创业生态服务系统的外部驱动，能让图书馆在社群里与创新创业者共同探索解决实际问题，缔结价值链接和情感链接，提高社会大众创新创业者对图书馆的黏合度。这也是创新创业者的内在需求，通过不同主题社群的知识交互和关系缔结，提升创新创业者的认知能力、创造力和竞争力。

以创新创业者交互为主导的社群服务模式中将创新创业者群体进行分类，根据相似需求设置不同主题的社群，通过激励引导创新创业者发挥智力资源，主动贡献智慧建立互动分享关系，以平等和包容促进信任与分享，缔结共同愿景，造就多元认同，以有价值的内容输出保持社群的活力和生机。同时，强调创新创业者的主导地位，通过意见领袖的培养，维护其在社群中的主导地位和自治场面。再者，发挥社群的影响力，吸引更多的创新创业者加入社群，增添活力。对图书馆来说，为创新创业者的主导作用发挥创造条件，除提供互动平台、虚拟数字社区外，还要通过多类型活动营造主动分享和互动的氛围，在互动分享中传播知识，在知识传播中输出价值。如图4-4所示。

图4-4　以创新创业者交互为主导的社群服务

（4）以创新创业者为中心的多场景融合服务模式

在技术变革的重要影响下，如何融合和使用新一代智能技术，实现图书馆服务的智能管理和智慧产出，以满足多元化的用户知识服务需求，是智能时代图书馆创新服务的重要内容。从技术视角来看，服务不仅要考虑人、机、物，还要考虑环境等场景要素，依托"云—网—端"三大层次，通过服务资源的全域标识，服务状态的精准感知，服务数据的实时分析，服务过程的精准执行，构建以创新创业者为中心的多场景融合服务模式，形成闭环赋能知识服务体系。从管理角度来看，服务不仅是空间要素和资源要素的组合，同样也要考虑场景要素，这是智能时代图书馆面临的选择，只有这样，才能有效解决运营、管理和服务过程中各类不确定和复杂性问题,打造以创新创业者为中心的全时空智能化服务空间。

以创新创业者为中心的多场景融合服务模式可以使服务更加清晰、透明和高效,可提升创新创业者的获得感和满足感。图书馆的创新创业多场景融合服务系统包括创新创业者的信息场、意动场、知识场、情感场、价值场等。具体包括:重视信息链与资源链的流动,打造集资源、空间、人才、技术为一体的资源服务保障体系,以知识和信息为媒介设计项目路演、洽谈会、沙龙等知识交流项目,为创新创业者提供多个触发点和推动力,形成多场景融合交互系统;着重将数据挖掘、组织、分析等技术整合到知识和服务平台,利用智能数据技术推测创新创业者的意向,向其推送可能感兴趣的信息资源和知识。同时,为实现知识的集聚、重组和再造,构建开放的知识网络结构体系,让更多的服务开放,让更多的创新创业者参与进来;利用紧密的多样社群联系,图书馆与创新创业者共谋发展愿景和价值目标,在确保社群关系连接韧性的基础上,通过沉浸式、真情实景的服务探索、问题解决缔结同理心、归属感和黏合力,实现更高层次的情感链接和价值链接。如图4-5所示。

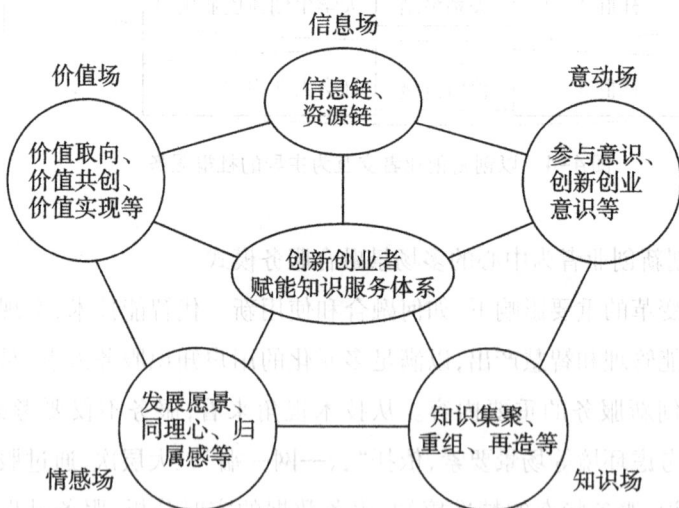

图4-5 以创新创业者为中心的多场景融合

5 图书馆服务"双创"的体系构建

面对不同类型的创新创业主体,课题组依据创新创业主体的需求特点及其创新创业的特征设计了不同的服务模式,目的是期望图书馆能在服务实践中精准助力不同创新创业主体的创新创业进程,发挥图书馆的个性化服务功能。在不同的服务模式设计中,既综合了三大类型图书馆的整体服务状况,又考虑了不同类型图书馆的服务侧重点。面对不同的创新创业主体,无论哪种类型的图书馆,在服务中都占主导地位,都需思考服务模式体系的构建原则、构建要素、构建途径、技术实现路线,以及服务运行机制等,保障创新创业活动中各项服务模式能顺利开展和实施,保障创新创业主体在不同的服务模式中能有好的体验和感受,促进图书馆服务"双创"的良性循环和深度发展。

5.1 图书馆服务"双创"的体系构建基础及原则

5.1.1 图书馆服务"双创"的体系构建基础

图书馆服务"双创"的体系是个复杂的系统工程,众多服务模式中均注重创新创业主体的参与和基于创新流程进行动态服务的供给,且重视多方的协同合作,所以,在体系的建设中诸如传播学的"使用与满足"理论、管理学的"价值共创理论"、系统科学的"协同理论"、社会学的"社会网络理论"等为体系的建设奠定了理论基础,这些理论在图书馆"双创"服务中的应用,不仅会促进图书馆服务水平的提高,也会提高服务对象的满意度。与此同时,不同类型图书馆面向创新创业的积极探索活动为系统的构建也奠定了实践基础。

（1）理论基础之一：使用与满足理论

传播学的"使用与满足"理论是指站在受众的立场上，通过分析受众对媒介的使用动机和获得需求满足，来考察大众传播给人类带来的心理和行为上的效用。该理论认为受众使用媒介的目的是满足自己的需求，所以在选择上往往具有能动性，掌握了媒介的使用权、选择权和控制权，此外，该理论将受众看为有着特定的需求的"个体"，肯定了不同个体之间存在的差异性。总之，"使用与满足"理论强调了用户对媒介的使用和满足，包括内容满足、过程满足和社会化满足等。

纵观"使用与满足"理论的内涵可知，其所强调的用户的能动性和个体性差异与图书馆"双创"服务中以创新创业主体需求为中心，并协同参与的服务模式内涵相互一致，将该理论应用在图书馆服务"双创"模式体系构建中不仅是合适的，也是及时的，对提高图书馆的服务效果和创新创业主体的满意度都有促进。在服务中，将图书馆视为传播者，图书馆面向"双创"的服务内容及服务模式为媒介，受众者为创新创业主体。创新创业主体在主动选择服务时，通过使用图书馆的服务内容来评判其满足程度，当其需求能及时得到满足时，可与图书馆建立彼此的信任关系，形成良性的互动。当其需求不能得到满足时，通过与图书馆互动反馈问题，促进图书馆及时改正并提出具有针对性的解决措施，最终满足需求。所以，在服务"双创"的模式体系构建中要关注创新创业主体的参与过程和需求满足程度，以提高服务体系的总体效率。

（2）理论基础之二：价值共创理论

"价值共创思想"可追溯到 19 世纪，主要散见于服务经济学的文献中，早期的价值共创思想表明，在价值创造过程中，消费者具有一定的生产性，他们以自己的特定方式与生产者进行合作，并对服务效率和价值创造产生影响。"价值共创"后来引起更多管理学的关注，逐渐形成"价值共创理论"。虽然学术界目前对"价值共创"的定义未统一，但已共同认同价值共创理论的两个重要分支，即基于服务主导逻辑的价值共创理论和基于消费者体验的价值共创理论。两种认识虽然研究视角和表达的价值共创内涵不同，但都强调了消费者和生产者合作创造价值的核心思想，统一于价值共创行为。

即不同创造主体基于自身价值追求而开展合作进行价值共创过程的诠释。

"价值共创"的本质是指在价值共创的各个环节中,所有利益相关者共同参与、紧密协作、发挥各自优势,创造、传递和扩散价值的过程。其核心内涵是以"用户需求"为中心,强调用户的消费体验和共同创造,这契合了图书馆"以创新创业主体为中心"的"双创"服务宗旨和"创新创业主体参与"的管理思想。对图书馆来说,创新创业用户跟图书馆的其他用户最显著的区别在于创新创业用户本身更具有创造性,对价值的追求更强烈,更符合与图书馆形成价值共创的机理,容易跟图书馆达成价值共识,在合作中促成价值共创。所以,在图书馆服务"双创"的模式体系中引入基于服务主导逻辑和基于消费者体验的价值共创理论,不仅利于图书馆摒弃以往单靠服务惯性、固定思维提供服务的弊端,也利于图书馆在与创新创业主体协作服务过程中认同创新创业主体的价值创造角色,强调其价值创造能力,在服务过程寻找双方价值的契合点和平衡点,在协作互动中彼此促进,实现共同价值。

(3)理论基础之三:协同理论

协同理论是系统科学的重要分支理论,主要研究远离平衡态的开放系统在与外界有物质或能量交换的情况下,如何通过自己内部协同作用,自发地出现时间、空间和功能上的有序结构,包括协同效应、伺服原理、自组织原理三个主要内容。协同理论具有普适性特征,它为管理研究提供了新的思维模式和理论视角,对解决现实管理领域中的问题具有很好的启迪作用。协同理论的协同效应能否发挥是由系统内部各子系统或组分的协同作用决定的,协同得好,系统的整体性功能就好,反之,则会出现"内耗"现象。自组织原理也说明了任何系统如果缺乏与外界环境进行物质、能量和信息的交流,其本身就会处于孤立或封闭状态,呈现"死寂"现象,所以,系统只有与外界通过不断的物质、信息和能量交流,才能维持其生命,使系统向有序化方向发展。

图书馆服务"双创"的模式体系不仅是个复杂的系统,也是一个开放的系统,所以协同理论为系统管理运行提供了很好的理论支撑。首先,由图书馆员、组织、环境等要素组成的各子系统内部以及他们之间要相互协调配合,互为前提、相互作用、相互协作,共同围绕服务目标齐心协力运作,使系统产生 1+1>2 的协同效应。其次,利用系统的开放性特征,图书馆与外部环境资源进行动态整合和交互协同,在不断地接收信息和输出信息的过程中提高信息共享程度,提高对外部环境的精准预测度,进而针对创新创业的主体需求能快速反应,精准供给,进而提高图书馆服务"双创"的可持续发展能力。

(4)理论基础之四:社会网络理论

社会学的社会网络理论最早由英国著名人类学家布朗在 20 世纪 30 年代提出,在 20 世纪 70 年代得以快速发展,为人类学和社会学研究提供了很好的理论指导。包括三方面的内容:第一,社会网络中包括一定数量的行动者,可以是个体,也可以是组织、团体;第二,每一个行动者都与网络中的其他行动者存在直接或间接的联系,分为强关系和弱关系;第三,行动者可以从网络中的各种关系获得资源,也可能受到制约。社会网络理论包括两大分析要素,即关系要素和结构要素。关系要素关注行动者之间的社会性关系,通过社会联结的密度、强度、对等性、规模等来说明特定的行为和过程。结构要素关注的是网络参与者在网络中所处的位置,讨论行动者之间的关系所折射出来的结构,以及这种结构的形成和演进,这两类要素都对知识和信息的流动有着重要的影响。

图书馆服务"双创"的模式体系中,图书馆、创新创业主体、服务馆员可看作网络中的行动者(结点),他们之间的社会联结、信任关系较强时,服务体系的知识传递会更有效率,尤其是隐性知识的传递。在各结点互动过程中,知识创新时有发生,通过知识的搜寻、传递、共享等,不同的思想和智慧或发生冲突,或达成共识,并在此过程中不断升华和超越,最终创造出新知识。所以,在图书馆服务模式体系构建时,重视各个参与者关系的缔结,并将其融入一个紧密的网络中,增强其互动使知识流动和溢出加速。同时,还要注意系统内的结构关系,以创新创业主体为中心位置,贴近需求使其能便捷获取资源和服务。

5.1.2 图书馆服务"双创"的体系构建原则

构建服务"双创"模式体系的目的是促进图书馆面向创新创业的各项服

务内容的顺利实施,促进创新创业主体参与到图书馆服务中共同实现知识再造,实现价值共创。在模式体系构建中,各个要素相互关联,要想促进各要素之间相互促进,协同发展,在模式体系构建时还要注意以下构建原则。

(1)兼顾重点与特色,构建科学性的服务体系

构建符合科学原理和服务规律,且具有科学价值的服务模式体系是图书馆进行服务实践的指导和依据,是服务模式体系建设应遵守的首要原则。只有保证了科学性,服务体系才具有使用性的可能和实践应用价值。各个图书馆根据自身情况在一定范围内开展面向创新创业的适用性服务和支持时,不能千篇一律,要在科学性的前提下,兼顾重点人群和特色服务项目,这是因为不同类型的图书馆其重点服务对象不同。面向创新创业活动,政府和社会大众创新创业主体是公共图书馆的重点服务对象,科研工作者和中小企业创新创业主体是专业图书馆的重点服务对象,大学生创新创业主体和校园内的科研者是高校图书馆的重点服务对象,所以,各个类型的图书馆在服务模式构建中要突出重点,特色鲜明,以独特的服务模式和服务内容赢得重点服务对象的认可和黏合。再者,即使是同一类型的图书馆,因其专业学科特色不同,或收藏的地方文献不同,或服务优势不一样等原因,在服务模式构建中要发挥特长,利用自己的特色提供与众不同的服务内容,以特色服务内容提升图书馆在众多服务机构的服务竞争力和影响力,从而影响创新创业主体对其的信任和选择。

(2)注重共享与共赢,构建协同性的服务体系

协同是服务体系稳定有序发展的充分条件。协同性原则不仅要求服务主体之间要协同,服务主体与服务对象之间要协同,而且服务体系内各个要素也要协同一致,目的是让服务生态系统不仅能稳定有序,还要能配合联动协同共进,在不断的相互作用中产生良性的集体效应,共同完成创新创业服务。创新创业本身往往是跨学科、跨领域的知识再造活动,尤其是面对重大或重要创新创业项目时,要想出色完成服务任务,图书馆作为服务主体在服务模式构建时要重视合力的利用,充分发挥图书馆联盟共享的资源优势、人力优势和技术优势等,所以,在服务模式体系构建时要遵循共享、共赢和协同性原则,包括两方面内容:一是图书馆之间,或图书馆与其他服务机构之

间的共建与共享,利用各自优势共建服务项目,通过多方协同发挥聚合力作用;二是图书馆与创新创业主体之间的共建与共享,让创新创业主体参与到服务模式的设计和构建中,以其需求为中心设计针对性强、有用且有效的服务内容,体现"以用户为中心"服务宗旨的同时,强调创新创业主体的主导地位,发挥其能动性和智力优势,实现服务双赢。

(3)重视前瞻性和功能性,构建适用性的服务体系

任何一种服务模式的构建,适用性是必须要强调的,服务模式体系的构建也是如此。没有适用性,服务模式体系的构建就没有意义;没有适用性,服务模式就无法落地实践应用;没有适用性,面向创新创业主体的服务就无法实现,所以要构建适用性强的服务体系,提高体系的应用价值。在适用性的前提下,还要重视前瞻性和多功能性,前瞻性原则表现在服务模式体系具有前瞻性的指导意义,既要展现出当前的服务水平,也要能反映出图书馆服务"双创"的未来发展方向和发展规律。挖掘服务潜能,创新服务内容和服务方式,满足图书馆面向创新创业服务不断深化的现实需求。功能性原则体现的是构建的服务体系的操作性和执行性要强,要有实际意义和实用价值。一方面,服务模式体系建设框架中层次的设置、资源的配置、流程的处理等要能充分反映创新创业服务的实践情况。另一方面,要满足创新创业主体的多样化需求,模式体系的构建是为提升服务而存在的,服务又是因用户需求而存在的,所以服务模式体系的构建要围绕创新创业主体的需求,以其需求为中心,提供多功能、多样式的服务。

(4)统筹普适性和精准性,构建多层次的服务体系

多层次的构建原则是由多样创新创业主体及其多样性的需求决定的,构建多层次的服务体系,以满足不同类型的服务需求。多层次服务体系不仅符合图书馆服务的客观规律,也符合创新创业主体的服务需求规律,体现在:一是服务模式的层级化,在服务过程中按不同主体的需求特征提供不同层次、不同类型的知识服务内容,这样既能避免资源浪费,又能集中力量主攻高层次、高质量的服务。二是即使在同一服务模式中,也需根据创新创业活动生命周期提供多层次的服务跟踪和服务供给,满足创新创业主体全面、系统的服务需求。多层次服务模式体系的构建中还要统筹好普适性和精准

性的关系。创新创业大潮下,图书馆构建普适性的服务模式体系是必需的,普适性强调的是面向"双创"的基本服务供给,这是每个图书馆都必须做到的,这样能满足广大创新创业主体的基本服务需求,但同时还要兼顾精准性服务的提供,毕竟创新创业对知识服务的要求较高,尤其是重大创新项目,更需要图书馆提供精准性服务内容助力创新的成功,所以在模式体系构建时也要注意模式体系设置的精准性要求,便于服务馆员对比操作,利于提高创新创业主体的满意度。

(5)强调动态性和网络性,构建开放性的服务体系

开放性服务体系强调的是图书馆服务"双创"的模式体系不仅能与外界交流,还能从外界获得政策、资源、服务,乃至资金的支持,所以,以开放性原则构建服务模式体系不仅能维护图书馆服务生态系统的平衡,同时,也能更好地与其他机构或联盟进行合作,贯彻"跨界融合,创新驱动"的发展战略,提高服务能力和服务竞争力。在构建开放性服务体系的同时,还要强调服务体系的动态性和网络性,这是因为创新创业活动是一个动态性极强的创造过程,与其对应的服务模式体系也应注重动态性构建,根据需求及时调整服务框架结构、资源供给、人员配置及服务方式等,在动态追踪中满足创新创业主体不断变化的服务需求,在动态变化中及时调整服务模式和服务项目,促进双方的互动和交流。再者,在社交媒体的广泛应用下,越来越多的创新创业主体选择利用网络平台进行需求交流和服务利用,所以服务模式体系的构建也要注重网络性原则,充分利用网络的便捷和广泛传播等特点,在模式体系构建中加入网络思维和元素,贴近创新创业主体的使用特点,应用网络信息技术完善和丰富服务模式。

5.2　图书馆服务"双创"的体系要素分析

为了更好地面向不同创新创业主体开展适合他们需求的服务模式,图书馆不仅需建立包含人、资源、技术、空间等服务要素,还需建立制度、规范、标准、理念等管理要素。服务体系内各要素之间相辅相成,有着密不可分的联系,在创新创业服务过程中,都起着重要的作用。

5.2.1 图书馆服务"双创"的体系要素内容

(1)人员要素

图书馆服务"双创"体系建设中人的要素包括创新创业主体和服务馆员两大类。"双创"环境下,所有和创新创业活动有关的人都可归为创新创业活动主体,归为图书馆"双创"的服务对象。在这些服务对象中,有需决策参考咨询或辅助决策服务的地方政府部门,也有需个人创新指导的普通大众;有高校、科研院所的专业科研人员,也有中小企业或初创企业的创新创业人员;有受过高等教育、学科基础较好的大学生创新人才,也有退伍军人、返乡创业的新生代农民工。虽然不同的创新创业主体服务需求的内容存在不同的特点,但相同的是无论在任何服务模式中,创新创业主体的参与和主导地位是一致的。在创新创业服务体系建设过程中,人是最活跃的要素,是核心要素,所以在服务体系构建中,应充分发挥创新创业主体的主观能动性,使其参与进来共同做好服务项目的设计和实施。

人的要素还包括服务馆员,服务馆员在服务过程中起关键性决定作用。无论哪种类型的图书馆,无论是什么身份的服务馆员,专职或兼职,临时参与或长期服务,在服务体系建设中都起着关键性的作用。服务馆员不仅是服务的设计者和构建者,也是服务的引导者、宣传者、监督者和实践者,所以,"双创"服务对服务馆员也有了新的更高要求,不仅需具备创新服务意识,在学习中创造方法,把新知识和新理念应用到创新创业服务中,还需具有吸收新知识的能力,创新创业涉及知识内容众多,服务馆员要运用自己的学科专业能力吸收新知识,为创新创业服务做专业知识支撑;不仅要具有掌握信息技术和智能设备的能力,只有了解并掌握了创新创业服务体系中的信息技术和智能设备,才能利用创新创业服务平台提供娴熟的服务,还要具有学科知识分析能力,只有做到了对创新研究学科的分析和了解,才能赢得创新主体的信任;不仅需熟悉创业相关政策和融资知识,还要对创业所涉及的学科知识有所了解,否则,无法精准地解决创新创业服务过程中的专业问题。而长期以来,各级各类图书馆都或多或少存在"人事安排机构"的角色扮演,即使有些引进的人才,但在智慧创新服务方面还未能形成引领作用,所以,在服务"双创"的体系建设中,馆员要素是急需改进的内容。

(2)资源要素

资源是图书馆服务"双创"的基础,是开展各项服务内容的保障。图书馆事业经过几十年的发展,馆藏资源从纸质到数字,从普通文献到地方特色文献,从购买的商业资源到自行采集的开放获取资源,从机构知识库到智库,从数量到质量都逐渐得以丰富和完善,构成了基础性的资源保障体系。但目前众多图书馆在创新创业专项资源方面建设不够,资源建设方面依然还存在重收集、轻开发,重数量、轻质量,资源分散、整合不够等问题,这是资源要素要修正的内容之一。同时,创新创业主体在"双创"活动中对资源的需求在广度、深度、及时性、准确性、便捷性等方面都有了更高的要求,尤其是对数据资源的需求,虽然图书馆有丰富的馆藏资源,但资源过多也提高了图书馆在资源导航、检索需求匹配、检索结果发现辅助、精准知识推荐等方面的难度。再者,馆藏资源的长尾效应也将成为常态化,表现在馆藏数量增多,但在价值层面呈现稀疏性特征,即低密度价值资源越来越多,这无疑将增加数据价值开采的难度,高成本的数据挖掘、存储和揭示带来的价值可能会低于数据本身的价值。馆藏资源的稀疏性特征同时也会带来很多馆藏资源常年沉睡的现象,造成浪费。所以,资源要素中多维数据的融合、数据的标签和关联分析、可视化揭示、冗余资源的开发利用等都是服务体系建设中资源要素要改进的内容。

(3)技术要素

技术要素包括有形技术和无形技术两大类。有形技术主要指图书馆各项信息化服务设施的配置,如数字化网络平台、服务管理应用系统、数据库平台、电子阅览室、各种技术设备、两微一端等数字化服务技术设施。无形技术主要指图书馆的数字化服务方法和数字化服务手段等。信息技术的发展对图书馆的服务时间、服务空间、服务手段、服务内容等产生了不小的影响,如何顺应并利用好现代技术为创新创业主体提供高质量的服务也是服务"双创"模式体系构建的重要内容。毫无疑问,新一代信息技术尤其是多媒体数据库技术、语义网技术、人工智能技术在图书馆的应用,将会为图书馆从一般的信息服务向智慧化的知识服务转变创造条件,但同时也存在着应用障碍,表现在:第一,图书馆购买的数据库多是不同商业公司所建,由于商业壁垒的存在,打通多端数据应用还存在障碍,同时,馆藏本地用户数据、业务数据与购买的全文内容资源数据的分离,也增加了数据联通的难度。第二,一些数据库检索系统缺乏语言理解能力,对一些歧义语句很难自动理解,且语义多层关系模糊,给语义关联带来困难,关联细节更是无法呈现。第三,目前的图书馆知识发现系统虽然也提供检索结果的可视化显示,但可视化操作性能不足,功能有限,表现在知识图谱分类呈现范围较大、类别划分不够清晰,且不够立体,不利于用户对知识的全面把握和对知识的交互编辑。第四,人工智能技术在图书馆目前并不具备良好的投入与使用的普遍适配,主要局限于资金、技术应用、馆员能力素养等方面的瓶颈。总之,技术的快速发展给图书馆的服务描绘了美好的蓝图,但也存在着现实的应用障碍,如何将技术与服务很好地融合,为创新创业主体提供泛在的技术服务环境是技术要素中要考虑的重点内容。

(4)空间要素

在现代信息技术、开放服务理念以及读者个性化服务需求的推动下,图书馆的空间服务已经进入图书馆界所倡导的"公共""公开"和"共享"的时期。图书馆的空间设计、空间的文化价值、空间的服务场景等已成为图书馆服务体系构建的重要因素。图书馆的空间要素包括实体空间和虚拟空间。实体空间指物理建筑图书馆,近些年,随着服务理念的变化,建馆经费的增加,国内很多图书馆通过再建新馆或原有空间改造等方式使图书馆的空间面积和空间功能有了显著的提升和改善,同时,注重保持了学习空间、创新活动空间之间的均衡和融合,使图书馆逐渐成为融文字、思想和生活的多元空间,成为满足用户资源需求和激发用户灵感的探索空间。但也存在诸如空间服务理念与实践不同步、空间功能的延展性不好、空间管理能力不强、过于强调空间的建筑性而忽视空间的多元服务性等问题。所以,在完善图书馆空间硬件的同时,还需加强空间服务软实力的补给,发挥空间的文化价值和多元功能。

虚拟空间是图书馆近年来发展建设的热点,是智能化时代图书馆延伸服务提升价值的重要场所。图书馆的虚拟空间主要指一种综合利用计算机网络技术、数字化信息技术等技术手段所构建的集数字资源获取与利用、知识共享、交流学习等服务于一体的图书馆服务空间。它不同于数字资源平台,也不同于数字虚拟社区,在资源建设导向上,图书馆虚拟空间以用户需求和用户体验为中心;在资源服务形式上,以动态、立体、多元的场景化资源呈现为主;在服务模式上,基于智能技术进行主动推送,服务更具自动化和智慧化特征,总之,虚拟空间中用户是空间的主导者,强调的是一种自由自主的沉浸式体验,通过创客的智力资源共享,产生创新创意创造的聚合效应。然而,虚拟空间在提升服务的同时,也面临数据资源共享中的数据安全保护和知识产权等相关问题,如何在使用和保护之间找到平衡,即在保障资源的共享交流和知识流动的同时,又能保障信息的安全和用户的隐私,是图书馆服务体系构建中必须正视的难题。

(5)管理要素

图书馆服务中的管理要素主要包括组织管理、服务规范、服务理念等,其中组织管理主要指图书馆的组织体系、制度规范、人事管理等。服务规范主要指图书馆服务过程中制定的流程、规则等系列内容。服务理念主要指图书馆的服务文化,如服务意识、服务精神、文化定位、思想定位等。概括地说,图书馆服务"双创"体系建设中,管理要素包括组织管理、服务管理和人文管理。其中组织管理主要有图书馆的组织结构、部门岗位、部门职责、制度体系、人事管理等。其中组织结构和人事管理制度是组织管理中重要的管理内容,这是因为组织结构是衡量一个组织是否实现内部高效运转,能否取得良好绩效的先决条件。而目前多数图书馆是从自身单向角度进行组织结构设计的,灵活性不够。人事管理的重要性体现在服务项目的人事安排上,将优秀的服务馆员分配在创新性比较强的重大服务项目上,以保证服务质量。服务管理主要指和服务有关的服务流程、服务规范、服务标准等方面的管理。多数图书馆关于服务流程、服务规范有一定的规章制度,但对服务标准没有统一的规定,分散的标准会影响服务的共建共享,也会影响服务对象之间的知识流动。人文管理主要包括图书馆服务文化、对馆员和对用户的人文关怀。在图书馆服务精神的影响下,各个图书馆在发展过程中,传承或不断创新图书馆服务文化,重视对用户的人文关怀和管理,但往往忽视了对馆员的人文关怀,势必会影响馆员工作的积极性和职业价值荣誉感,这是人文管理中需改进的内容。

5.2.2 图书馆服务"双创"的体系要素关系

在图书馆服务"双创"的模式体系构建中,上述五大要素相互联系,互相影响,在整个服务体系中缺一不可。人员要素是服务的关键,资源要素是服务的基础,技术要素是服务的支撑,空间要素是服务的场所,管理要素是服务的保障,五大要素相辅相成,紧密关联,共同作用,形成要素完备的创新创业服务生态系统。它们之间的关系如图5-1所示。

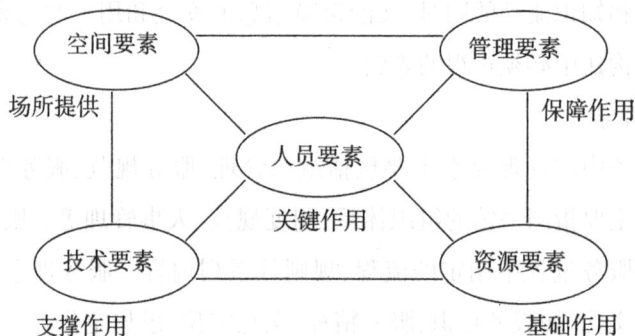

图5-1 图书馆服务"双创"体系要素之间的关系

人员的关键作用不仅体现在资源的建设水准、资源的揭示方式和深度、资源的关联度分析上等,还体现在技术的驾驭上,娴熟的技术应用不仅能促进服务的及时供给,还能利用技术解决创新创业主体在服务过程中遇到的问题。同时还体现在图书馆实体空间的设计上,虚拟空间的构建上,体现在各项管理的执行上。人员要素中创新创业主体的关键作用体现在服务空间的主导地位发挥、服务参与的协同效应影响,以及服务效果的反馈评价作用等。资源的基础作用犹如水之源、树之根,是开展一切服务的根本。技术的支撑作用体现在泛在服务的开展、可视化知识服务的实现、智慧化服务的探索等。目前的服务技术化、技术服务化,以及服务与技术一体化的格局充分说明了技术的支撑和推动作用,如何将技术与服务完美融合,将是图书馆重点思考的问题。空间要素是一切服务供给的场所,信息的分享、思想的碰撞、知识的流动等都需在一定的场所内发生,而图书馆的实体空间和虚拟空间正是起到了场所保障的作用。管理要素的保障作用体现为在服务理念的支配下从服务资源、服务平台、服务空间、服务设施的配备,到服务资金的来源和运行、服务流程和服务质量的管理、服务运行的风险控制等进行全面管理,保障服务内容的落地生花。

5.3　图书馆服务"双创"的体系构建途径

在明确图书馆服务"双创"的体系构建理论及原则基础上,结合上述图书馆服务"双创"的体系要素内容,对图书馆服务"双创"的体系进行层次分析及架构组织,并探究服务体系的技术实现路线和实现策略。

5.3.1　图书馆服务"双创"的体系组织架构

依据图书馆服务"双创"的模式体系要素,服务体系的组织架构可分为目标层、技术层、资源层、服务层、需求层五个层次,下面对每个层次的具体内容进行分析。

(1)目标层

目标层是图书馆服务"双创"体系构建的总体目的,对体系的构建起着方向指引作用。图书馆服务"双创"模式体系构建的目的主要有以下三点:第一,推进资源的合理配置和利用,即整合信息资源,协同人力、技术资源,共享空间资源,在整合协同的基础上优化配置,充分利用体系资源,发挥资源的基础保障作用。第二,满足创新创业主体的各类各项需求,即通过体系的构建促进知识的创新和再造,以产出各种知识产品满足创新创业主体需求为主要目标。第三,促进图书馆服务价值的提升,这是服务体系构建的终极目标,无论是资源的优化配置,还是服务产品的转型升级,都是为了提升图书馆的服务价值。

(2)技术层

技术层是图书馆服务"双创"体系构建的支撑,主要包括基础设施构建、服务运行支撑、智能分析应用等。基础设施构建主要包括交互设备、存储设备、网络设备、计算机设备等信息技术基础设施,如虚拟空间搭建、创新创业平台建设、其他技术平台构建、服务交互端使用等。服务运行支撑主要包括数据处理技术、运行管理技术、存储技术、网络技术等服务运行支撑技术。智能分析应用主要包括用户需求分析、用户行为分析、场景化分析、知识关联分析、可视化分析、知识挖掘等,应用智能技术挖掘创新创业主体个性化需求,进而精准地进行服务推送和供给,实现智能、智慧服务的目标。

(3)资源层

资源层是图书馆服务"双创"体系构建的基础,包括信息资源、空间资源、人力资源和组织资源。其中信息资源、空间资源和人力资源对服务体系的建设起着驱动作用,组织资源起着支撑和限制作用,因此可将资源层分为内驱资源层和支撑资源层。内驱资源层由图书馆各类信息资源、实体空间资源、虚拟空间资源,以及人力资源构成。包括图书馆通过购买、合作共建、自建等不同方式采集的各类数据库资源,以及图书馆实体物理空间、虚拟数字社区、创新创业交流平台等,还包括图书馆内服务馆员和社会兼职提供服务的信息馆员等。支持资源层主要指组织资源,包括组织制度、服务文化、合作模式、资金筹集等,如"双创"服务发展战略规划、服务理念、服务流程、服务标准规范、服务模式、建设目标、经费支持、服务联盟建设等资源。

(4)服务层

服务层是在资源层的基础上形成的,是服务体系构建的关键内容,根据创新创业主体服务需求的内容,结合图书馆的资源情况,可分为不同类型的服务层次,包括资源保障服务、研究报告服务、素养培训服务和宣传推广服务。资源保障服务主要解决创新创业相关资料的检索与获取、空间的共享与利用,如各类数据库资源、专题检索、代查代检、创新创业交流平台、相关法律法规资料辅助、科研数据监护、专题信息推送等。研究报告服务主要指深层次知识服务,为创新创业主体决策提供服务,如前沿技术分析、专利趋势预测分析、知识产权分析报告、宏观政策研究报告、竞争情报分析、科研成果影响分析报告等。素养培训服务主要解决创新创业主体的素养问题,提升其信息获取和分析能力,如创新素养教育、媒介素养教育、信息素养教育等。宣传推广服务主要解决创新创业主体计划实施之前的宣传,以及项目成果落实后的推广问题,如政策宣传推广、科研成果转化、创新成果推广等。

(5)需求层

需求层通过服务层得到满足,并影响推动资源层的建设。需求层和用户类型紧密相关,用户需求是图书馆服务"双创"体系构建的动力,满足用户需求也是体系构建的目标之一,需求层主要包括用户的基础类需求、创新类需求和转化类需求。基础类需求主要指咨询需求、资源需求、培训教育需求、创新创业平台利用需求等。创新类需求主要指知识挖掘、知识创新、前沿技术分析、行业发展报告、成果对比分析等需求。转化类需求主要指科研成果的转化,如专利的转化、科技成果的孵化、创新技术的投产等需求。服务体系中需求层是以创新创业主体为中心动态变化的,不同阶段需求将发生动态性变化。

综合上述服务体系的层次分析,加之图书馆服务"双创"的实践应用,构建图书馆服务"双创"的体系组织架构如图 5-2 所示。

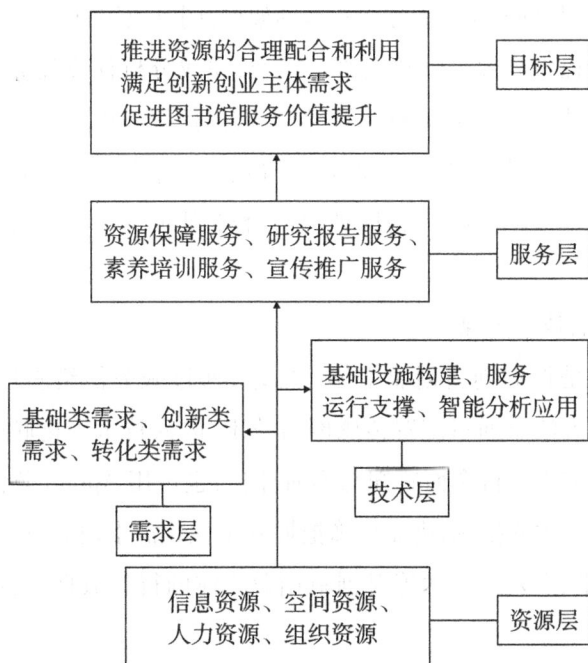

图 5-2　图书馆服务"双创"的体系组织架构

5.3.2 图书馆服务"双创"的体系技术实现

服务"双创"的体系构成,以及体系内各个层次需通过一定的技术方法和工具得以将全部要素内容纳入体系中发挥各自作用,共同实现服务目标。除目标层和技术层外,其他层的技术实现方法主要有以下几个方面。

(1)资源整合层次的技术实现

资源整合层次主要是实现用户对资源的启用、调配、分析、锁定下载、禁用等操作。在资源配置上,以 XML 文件实现读写和更改操作,以目录服务技术描述有层次结构的资源。在资源调用上,通过 SQL 和中间件技术实现数据库连接和跨库检索。在资源分析上,尤其是数据分析,利用 Sage、Dataplot、SISA、Statistician 等不同的数据分析软件,对数据资源进行分析和清洗。在资源融合上,可利用人工智能技术对资源进行融合和知识发现。

(2)服务层的技术实现

服务层可应用 Hadoop 进行分布式基础架构,同时应用 Hadoop 集群的功能在信息处理过程中高效分配数据给各模块,完成分析计算任务。也可以用 Spark 集群,以数据的高效分析计算,结合数据挖掘和机器学习有效进行数据迭代计算、交互式数据查询、实时计算等任务。服务层主要是实现各种服务的提供,所以可采用多技术协同处理,以智慧协同的方式进行服务任务的推送。

(3)需求层的技术实现

需求层主要是挖掘创新创业主体的需求,通过服务供给满足其需求。主要实现的技术方法有通过配置传感网络技术、嵌入技术等物联网技术实现对创新创业的需求进行全面感知与实时监控,也可用 Apriori 算法对创新创业主体需求进行关联挖掘,进而精确把握其个性化需求内容,或用用户画像技术、标识技术、嵌入式技术等对创新创业主体的行为数据进行采集,实现需求分析。

各个层面的技术实现后,整个体系的技术实现就有了可能,实现思路为:首先,利用采集技术和感知技术分析需求层创新创业主体的各类需求内容,然后以资源层的信息资源、空间资源、人力资源和组织资源为基础,以集成技术、数据挖掘技术、可视化技术等为技术支撑提供符合需求的服务产品,最终实现目标层的任务内容。

5.3.3 图书馆服务"双创"的体系架构策略

(1)优化组织管理,促进服务目标实现

随着图书馆发展内外环境的变化,多数图书馆已对部门进行了整合和优化,从传统单一的垂直(直线)型组织管理模式逐步变革为职能业务分工管理模式、"中心"+工作组管理模式,撤销合并原有单一机构,增设新的业务创新部门,如兰州大学图书馆新增的空间服务部、河北省图书馆新增的创意工作部。还有部分图书馆设"中心",增工作组,如同济大学图书馆设置的文献保障与共享中心、创新体验与学习支持中心、情报服务与研究支持中心、文化传承与交流中心。上海交通大学图书馆的"部+跨部门工作组"组织模式,设置6个部,若干个工作组,对部门工作职责和业务范围进行重组,设立虚拟工作组强化服务。可见,图书馆面对服务创新、职能转变时对组织机构做出的调整和优化、探索和实践。以用户需求为导向进行组织机构设置,以工作模块化进行组织机构重组,以提供整合化信息为组织服务目标。未来,面对"双创"的服务需求,图书馆要想持续发展和高效运作,实现服务价值提升的目标,还需持续优化组织管理,合理运用人力资源,强化图书馆的服务创新,将图书馆的服务能力发挥最大。

首先,结合图书馆内外部环境,制定行之有效的战略规划,对图书馆的组织领导力、服务能力有清晰的自我认知,对创新创业主体的需求有充分的调查,紧紧围绕服务目标进行与此相一致的战略规划和组织管理,建立创新创业服务部门,设立服务专员,或以某一个创新创业服务项目建立临时服务工作组,专项设计,灵活组配。其次,完善激励机制,通过相关制度激励服务馆员用心服务,增强服务成就感,激励创新创业用户参与到图书馆知识发现服务中来。图书馆创新创业服务用户群体的多样性及需求的动态化特征,决定了激励创新创业用户参与的机制也要分类进行。对初创企业和草根创客们,以满足尊重需求为目的,可采用物质和精神双重激励,并辅以团队组合奖励,激励创新创业用户的参与行为和参与意愿。对政府、科研单位、小微企业和社会机构用户来说,为其提供高质量的知识服务是吸引其参与进来的关键,在此情况下,可利用智库的魅力,以及服务制度的优厚待遇激励这类群体参与到创新创业知识服务的项目设计、项目实施中。当然,无论哪种激励,都要考虑图书馆现实的承受能力,重视激励机制的可持续性。再次,打破组织机构和组织管理的固化常态,建立长效动态机制,定期或及时进行图书馆服务状态评估,通过馆员和用户的公正评价和信息反馈,及时发现问题,制定措施调整方案,提升图书馆的组织管理能力和服务能力。最后,尝试寻找馆外元素构成新的组织机构,信息环境下,任何一个机构都不是孤立的,图书馆可与政府部门、企事业单位、社会其他组织、各级图书馆联盟,乃至个人等进行合作,成立新的组织机构协同为创新创业服务。

(2)深挖资源价值,做到多级资源保障

多级资源保障是图书馆服务"双创"体系构建的基础,这里的资源主要指各种文献信息资源和空间资源。目前图书馆的文献信息资源基础保障建设已较完备,包括专利相关资源、就业与创业相关数据库、多层次的创新创业课程等创新创业相关资源也在逐步完善,但依然存在资源价值挖掘不够、冗余信息较多、研究数据资源少、空间资源应用不充分等问题,造成高级资源保障不完善,所以可从以下几方面加强资源的聚合、揭示和价值挖掘,构建完备资源体系。

第一,加强研究数据库的建设,确保数据资源质量。大数据环境下,数据已成为"双创"主体创新创业的关键性资源,创新创业的每一个阶段都需要充足的数据信息保证其创新创业的科学性和准确性,避免创新创业失败。所以,需加强研究数据库的建设,构建高质而丰富、规范而高效、稳定而持续的研究数据资源体系,为创新创业服务提供支撑。在研究型数据资源建设中,各个图书馆不仅要结合原有数据资源建设的特色,在保证专业性、前沿性的基础上,扩充面向创新创业主体的、具有专业深度和针对性的数据资源,还要重视开放数据的采集和整理,图书馆数据资源多是采购所得,往往会忽视网络开放资源,而数据开放运动及数据资本价值的体现已充分说明开放数据的重要性,开放数据中不乏高质量的数据资源,所以图书馆要重视免费开放数据的采集,进而丰富数据建设的类型。再者,在研究数据库建设中,还要促进馆内外资源的共建共享和合作,利用互联网、各类自媒体等途径,扩展数据来源渠道,全方位构建研究数据资源体系。

第二,重视数据库资源的融合,挖掘高密度数据价值。海量数据资源在给馆藏带来数量、形态、类型上的多样性变化的同时,也引发数据的组织、分析、存储、融合等难题。尤其是创新创业主体与图书馆的交互中,以及创新创业主体之间交互时,容易形成大量的碎片化数据。碎片化数据的类型多样、分布多源、内容零散等特征增强了数据的复杂度。从知识揭示看,碎片化数据完整性的缺失,使知识组织和新知识发现变得更加困难。从语义关联来看,碎片化数据的多模态、多粒度、变化快的特征使语义的划分、描述、关联等难以保证精确。所以,重视馆藏数据与外部互联网数据联通,从语义维度、发现关联维度,以及二维度的融合进行数据的聚合,充分挖掘数据的价值。在数据处理上,除了优化数据清理技术外,在数据采集环节尽可能做到规范,形成规范的数据结构,便于后期的数据标签和语义分析。也可用机器学习和算法,以及传感器对创新创业用户数据进行实时收集,如通过对用户查询时眼动数据的处理与分析,获取用户的行为数据,实现研究目的。

第三,完善空间资源功能,创新交流环境。图书馆的实体空间从信息共享空间,到学习共享空间、知识共享空间,再到创客空间的演变过程,充分说明图书馆的空间已作为一种资源形态在服务过程中不断发生着变化。面向创新和创造需求的物理创客空间,目前存在辅导人才的不足、实践空间及设备的缺乏、成本资金的短缺等问题,未能完全发挥空间资源的价值和作用,所以,图书馆在物理空间资源建设时,要重视人和物的融合,创新交流环境,不仅要通过购买相关设备和设计创客物理空间来打造空间的硬件部分,更重要的是通过开展多类型指导和培训进行创客空间的软环境建设。在虚拟空间的建设中,除了保障创新创业平台的功能和数字虚拟共享空间的多功能交流外,可推行人机交互技术在图书馆虚拟空间的应用,进而催生更多的创新服务,如视觉交互、语音交互等让创新创业主体能便捷地获取知识推送、搜索与导航等知识服务。

第四,挖掘冗余馆藏资源,提高资源供给的匹配度。任何图书馆在资源建设中都会存在一定量的冗余资源,这是必然的,时间越长,冗余馆藏资源会越多。有很多学者研究冗余资源与创新之间的关系,发现冗余资源与创新之间呈现倒"U"形关系,即适度的冗余资源对组织创新绩效有正的影响,但是冗余资源太多或不足对组织创新绩效的影响是负面的。所以,在服务"双创"的过程中,图书馆要发挥馆藏冗余资源的正面效应,规避负面效应,依据系统动力学原理,全面考察冗余资源影响的内、外部因素,依据创新创业主体的实践进行需求的精准识别和资源的精确匹配,根据创新创业项目将沉睡的冗余资源进行重新开发利用,在探索资源供给的过程中,使冗余资源快速融入服务市场,与其他资源进行互补,在提高馆藏资源利用率的同时,也减少"双创"服务资源的投入成本。

(3)完善交互环境,提供多种服务产品

在图书馆服务"双创"的体系构建中,服务层是通过创新创业主体与图书馆的交互完成的。创新创业主体通过交互获取新知识,满足交互体验,是一个双向交流的活动过程。交互过程包括认知交互和行为交互两个方面。认知交互存在于创新创业主体的主观世界,与认知结构和风格、数据意识、信息素养、年龄与社会阅历等有关。创新创业主体认知交互存在的障碍主要有数据意识不足、信息能力不强、技术掌握不熟等,表现在大数据观的意识不够,不能很好地利用数据解决创新创业过程中的问题;不能很好地应用新技术获取图书馆提供的多种知识服务;等等。创新创业主体的行为交互主要体现在以解决创新创业问题为目标,在知识需求的驱动支配下,使用多媒体设备,通过操作界面或语义层面与知识发现服务系统进行的一种有传送有反馈的行为互动过程。在行为交互过程中,除受创新创业主体自身认知结构因素影响外,还会受资源、服务、交互界面等影响。目前存在的交互问题主要有参与度不够,对新知识的判别性不强,表现在不能很好地利用图书馆知识发现服务平台进行人机交互,参与编辑反馈问题,诉说需求反馈结果;不能有效地与图书馆或其他创新创业主体进行互动交流,分享知识共启心智;不能对推选的各类知识库正确的交互选择;等等。

交互对象、交互内容和交互平台都会对服务产生影响,着力对这三方面进行优化,消除交互障碍,创造良好的交互环境,提供多种服务产品满足创新创业主体的需求,最终提高创新创业主体的满意度。首先,加强创新创业主体的信息素养和创新素养教育,提高创新创业主体的交互认知,提升创新创业主体的知识存量、创新意识、参与能力和交互能力。其次,优化创新创业服务体系平台界面设计,利用创新创业主体的反馈信息对现有功能进行优化设计,让创新创业主体能在最短的时间和以最快的效率找到自己想要的内容。增加评论、分享、反馈、在线咨询等社交功能,实时追踪需求,激励创新创业用户主动参与。积极开发可视化组件,优化可视化结果推送界面,从视觉、多维排列、重点展现等方面展示检索结果,提供更多的可视化互操作选项,优化创新创业主体的交互体验。再次,加强创新创业主体间的知识交流,通过线上线下交流活动,分享知识形成影响,促进知识流动。最后,搭乘5G列车,利用5G传播速度,让用户迅速通过终端设备获取资源和服务,用户也可通过云服务平台设置个性化需求内容,图书馆可利用算法工具分析用户数据所蕴含的价值,为用户提供有预见性、与需求相匹配的资源和服务。

(4)加强技术合作,促进技术应用创新

一直以来,图书馆的技术创新来源于现实的需求,来源于问题,或者从某种程度上来说是图书馆服务模式的创新倒逼技术创新,图书馆根据服务模式寻求或研发适用技术,实现技术创新。技术在服务中的应用使用户的资源获得变得更加容易,使用户与图书馆的即时交互得以实现,使图书馆的泛在化服务成为可能,总之,技术在图书馆的应用保障越来越成熟。遗憾的是一些经济不发达地区的公共图书馆,资金支持力度不高的高校图书馆在服务供给中依然会受技术的制约,所以,图书馆要加强技术合作,共同促进技术在服务中的应用创新。近年来,越来越多的图书馆依托联盟,或组成团体在技术应用方面展开深入合作,并取得了较好的效果。如重庆大学图书馆联合国内28家图书馆成立"智慧图书馆协同创新联盟"来推进我国智慧图书馆的创新与实践。面向"双创"的技术合作可以是图书馆联盟内的技术合作开发与应用,如共建共享同一套创新创业服务平台,建立数据使用、交互的标准规范,统一进行平台的升级管理和应用,共享平台功能升级带来的益处。也可以与相关的技术公司进行合作,图书馆可与商业公司建立长期有效的技术合作机制,借商业技术力量实现技术与服务的融合。

图书馆"双创"服务过程中,技术创新的应对策略有:①发挥数据驱动+知识发现的集合优势。首先,加强数据技术的应用,分析创新创业主体的不同动态需求,运用数据标签进行创新创业主体画像分析和聚类分析,把握创新创业主体的需求点,形成精准的知识地图导航、知识问答、决策辅助、个性化推荐等知识服务。其次,对各类信息资源进行标引、聚合和数据关联,形成创新创业共享知识库或专业知识库,同时进行深度的关联关系解构和细粒度的知识单元挖掘,确保再造知识的质量和可信度。②优化知识发现+人工智能体系。拓展知识发现系统在智能化应用方面的性能,参考系统控制学理论,将创新创业主体需求和反馈作为系统节点进行控制,构建知识发现系统自主控制模型。拓展智能化服务手段,如提供像百度知识问答、"创作大脑"一样的智能问答式检索服务、智能写作服务等。③应用区块链技术提供精准服务。区块链的数据共享技术能够快速有效识别创新创业主体需求,其网络信任技术和可追溯技术能够确保各节点的数据安全,解除用户对隐私、科研数据安全的顾虑。④构建"智能+智慧"的技术支持环境。在创新创业的知识服务过程中,服务馆员的自身知识存量、创新意识、数据意识、技术应用能力等,创新创业用户的知识获取意识与意愿、知识吸收与利用能力、对主体的信任和服务反馈等都会直接影响知识发现服务效果,所以应着力从服务双方培养智慧提升能力,使技术应用能更好地与服务相融合。

(5)培养创新型服务馆员,确保服务效果

人员因素是图书馆服务"双创"体系中的核心因素,也是图书馆体系架构中内驱资源层的主要构成部分。于鸣镝先生曾将"馆员"列为图书馆构成要素中最活泼、最积极、最起决定意义的要素。① 图书馆服务馆员的专业知识水平、服务的主观意愿、对信息的组织能力等都直接影响图书馆的服务能力,决定图书馆在同行业中的核心竞争力。创新创业是一个多学科综合的知识创造活动,它对服务馆员提出了更高的要求,要求服务馆员不仅要具备一定的专业知识背景,还要拥有多学科的综合服务能力,所以,为了确保服务效果,可从以下几方面培养创新型服务馆员。

---

① 尤晶晶.大学图书馆面向年轻馆员的人才培养策略探析:以上海交通大学图书馆为例[J].大学图书馆学报,2021(3):34-39.

第一,培养专家型服务馆员。图书馆服务馆员多数具有信息管理专业优势,而缺乏其他专业学科知识。为了更好地服务不同的创新创业主体,图书馆可考虑培养专家型服务馆员,通过专家型服务馆员过硬的专业知识取得创新创业主体的信任,从而促进"双创"服务行为的发生。专家型服务馆员主要指专业知识储备丰富,能研发自己学科领域内的知识和技术应用,且保持远瞻性。在服务过程中,能精准把握创新创业主体的问题,并能够提供问题解决的可行性方案,是图书馆服务队伍中的领军人物。专家型服务馆员的培养可通过优秀专业人才的引进完成,也可通过内部技能型馆员的选拔+国内外交流学习+实践训练实现,还可通过专家导师制的形式盘活已有人才资源,精准培育年轻馆员,制定成长方案,建立促进职业发展的制度环境,促进专家型服务馆员的形成。

第二,通过馆员赋能提升素养。近几年赋能理念被应用到图情领域,馆员赋能主要是指通过自上而下的权力释放,图书馆以去中心化、重构机制等方式驱动服务创新,最大限度激发馆员的潜能。在创新服务过程中,馆员需要进行专业知识赋能和社交赋能来提高个人综合素养。通过"参观—交流—方案—实践—创新"赋能模式,以及赋能培训课程体系,解决馆员面对创新创业主体服务过程中的专业知识、业务技能及信息技术等方面的短板和问题。通过"交流—分享—互助—协作"赋能方式,解决馆员在与创新创业主体交流过程中的沟通技巧和交互问题。此外,图书馆还可通过管理赋能增强馆员对服务价值和使命感的认知和认同,引导馆员对自身服务能力与创新创业主体需求之间差异性和匹配度的自觉审视,激励馆员积极投入到自我知识和专业体系的完善中,进而促进服务的创新。

第三,创新服务团队的组织形式。创新创业主体跟图书馆的其他用户最明显的区别是,其在某一项目立项实施过程中需对应的信息或知识服务,所以,为有效推进服务项目的开展,需集中不同服务馆员的个体优势进行相互协作、相互补充的服务,集团队的合力完成最终服务目标。因此,可根据服务项目灵活组建不同的如创新创业支持中心、学习与研究中心、决策支持服务小组、竞争力评价服务小组等服务团队。在团队组建过程中,广泛吸纳人才,形成阶梯式服务团队。在团队服务过程中,重视不同专业馆员之间的知识、经验以及业务技能的传递,促进馆员相互帮助,达到提升团队服务能力的目的。

(6)积极跨界融合,提升协同服务能力

万物互联时代,各行业的边界越来越模糊,习近平总书记多次强调跨界融合的重要性。跨界融合是当前环境下图书馆拓展业务创新服务的有效途径之一。图书馆跨界融合不仅是环境使然,也是服务活动所需。图书馆的跨界融合主要是指跨不同服务主体进行资源、服务和空间的融合服务,如文旅融合服务典范、地方公共文化服务中的图书馆、档案馆和博物馆三馆跨界融合服务。跨界融合的目的是突破机构所限,在相互合作、相互渗透中协同提供服务。国务院总理李克强也多次在全国"大众创业、万众创新"活动周上强调要深入实施创新驱动发展战略,进一步培育融合、协同、共享的双创生态环境。协同共享是知识经济时代最佳的合作模式,也是降低服务成本的最好方式。所以,图书馆在服务创新创业的过程中应积极寻求合作机构,争取更多的跨界融合机会和融合服务内容,进而提升创新创业的服务能力。

图书馆跨界融合协同缔结共享服务的内容包括:一是服务资源的协同共享,包括创客空间资源。创新创业服务是一种资源整合,更是一种资源共享,服务资源的协同共享要以服务对象作为利益共同体,将馆内外,以及网络开放获取资源进行聚合,并进行不同程度的揭示,多途径地向创新创业者宣传创新创业服务资源,实现资源利用的最大化。二是服务主体的协同共享。与政府、金融机构、企业、科技孵化器进行跨界合作或融合,优势互补,依托政府和金融机构的数据资源,借助企业的专业管理人才,借助科技孵化器的资源能力,以图书馆"创新创业服务馆员+学科专家""创新创业服务馆员+创客者""创新创业服务馆员+创业导师"等不同身份结合的服务主体共享模式,提供馆员咨询以外的创新创业指导、分享,以及路演等服务,通过多方促进知识信息的流动,加速知识转化为创新生产力。如由西安图书馆、西安交通大学图书馆、陕西省科学技术情报研究院、国家科技图书文献中心(NSTL)西安站、腾讯众创空间(西安)、西安天天读书教育科技有限公司、西安卜酷塔网络科技有限公司等联合打造众创科技分馆,成效显著。三是服务平台的协同共享。除图书馆联盟内的服务平台共享外,不同类型的图书馆也可争取跨行业跨区域进行更广范围的合作,扩充平台的服务实力,扩大平台的服务影响面,如高校图书馆可积极与校内的科技园、孵化器、创新创业学院、创新创业中心、商学院等部门之间进行服务平台协同合作,尤其虚拟社区的合作,社区创客们创意会更多样化,由社区创客们通过平台参与不同项目的研究过程,进行协同学习或创新,同时,协同创建活跃度比较高的、良性发展的创新创业服务生态圈。

5.4　图书馆服务"双创"的体系运行机制

"机制"是指系统内部组成要素按照一定方式的相互作用实现其特定的功能。图书馆服务"双创"的体系运行机制主要指各要素之间在相互影响、相互促进和相互作用下促进"双创"服务的形成和发生,在目标激励机制、信息流转机制、价值增值机制、协同共享机制、评价反馈机制、组织保障机制、环境影响机制等多重机制的制约和激励下完成高质量服务的供给,保障各种服务模式的高效运行。研究服务体系运行机制的各要素,有利于图书馆及时发现"双创"服务工作在运营维护过程中存在的各种问题,进而针对性地及时优化和改进,提升"双创"服务工作的科学性和准确性;有利于"双创"服务人员结合反馈评价及时调整服务内容和服务方式,有效克服"双创"服务模式失效和服务系统失衡等问题。

5.4.1　目标激励机制

目标激励机制主要是以目标层实现为目的,通过设置目标来激发服务动机,指导服务双向交流行为,促使服务馆员克服困难,完成服务任务,实现组织目标。促进创新创业主体主动与图书馆进行交流,促进个人价值目标与组织目标的一致性,实现个人需求的满足。目标激励机制是通过相对固定化和规范化的激励手段,以目标实现为目的的系列管理办法。在设计时不仅要注意体现组织目标和个人目标的一致性,还要注意有形激励与无形激励的结合、直观与公开的结合,同时还要遵循公平合理及时效性等原则,按需进行激励,有针对性地采取激励措施,才能收到实效。激励办法主要包括荣誉激励、薪酬激励、晋升激励、精神激励、物质激励等。在具体执行中，各种激励办法既可单独执行，也可组合执行。

目标激励机制的构成要素包括行为导向制度、行为幅度制度、行为时空制度、行为归化制度和行为诱导因素五个方面。行为导向制度是指组织对其成员行为方式和应遵循的价值观的规定。行为幅度制度是指诱导因素所激发的行为在强度方面的控制。行为时空制度是指激励在时间和空间方面的规定。行为归化制度是指对成员进行组织同化和对违反行为规范或达不到要求的处罚和教育。行为诱导因素主要指用于调动工作人员积极性的各种资源。在目标激励机制的五要素中，其中行为诱导因素起到发动行为的作用，其他要素起着导向、规范和制约行为的作用。目标激励机制一旦形成，它会作用于服务系统本身，使服务系统处于一定的状态，并进一步影响系统的运行和发展。目标激励机制对系统的影响作用有两方面，即助长作用和致弱作用。助长作用表现在通过行为的反复强化，不断增强促进作用。致弱作用表现在不健全、不可行的激励机制对部分工作人员的积极性起抑制和削弱作用。所以，对存在致弱作用的激励机制，应寻找诱因去除，以有效的激励因素取代之。

5.4.2 信息流转机制

信息流转机制主要针对资源层设计的，信息流转是指信息资源的流动和转化。信息资源的流动主要指服务"双创"的信息资源的采集与整合、组织与揭示、空间资源的建设，以及信息资源在不同主体之间的传递。信息资源的转化主要指信息资源的挖掘分析、知识再造、知识转化、共享传递等过程。通过流动和转化，实现图书馆"双创"资源服务的提供和创新创业主体的需求满足。流动是为转化提供渠道和基础，因此，图书馆需重视资源的流动，健全信息资源采集途径，正式渠道和非正式渠道相结合，多种采集方式并用，多方位甄选服务"双创"的各类信息资源，全面保障资源的系统性和覆盖面。同时，还要促进图书馆内部信息资源的关联整合，以及外部不同图书馆主体之间的资源融合与共享，如自主型资源建设与外生型资源建设的融合，目的是合理配置信息资源，减少资源的重复浪费建设，通过资源的互补效应为"双创"服务提供全面资源保障。

　　图书馆服务"双创"的信息流转机制包括信息流转过程机制、信息流转动力机制、信息流转效率机制和信息流转安全机制。信息流转过程机制主要指图书馆信息资源的采集、整理、分析、知识析出、知识传递等规范化过程，以及流转过程的科学化管理。信息流转动力机制主要指创新创业主体需求的动力驱动、图书馆价值实现的内驱力、政策法规的引导动力等各种动力因素的相互作用关系和影响。信息流转效率机制主要指信息流转速度、质量和数量等方面的规定，研究流转效率与服务效益的正向关系，研究如何通过流转速度提高服务效率。信息流转安全机制主要指通过技术应用、安全制度、人员安全管理规范等健全安全管理体制，确保信息资源的存储、应用、分享等多方面的安全。总之，从各个方面确保信息流转的高效和安全，为服务层做好基础保障。

5.4.3　价值增值机制

　　从认识论角度，价值是指主体满足客体需要的效益关系。价值增值是经济学的概念范畴，是指通过经营或服务管理活动，投入低成本实现高产出的过程。在图书馆服务"双创"的体系中，价值体现的是图书馆通过服务与创新创业主体之间发生效益关系的过程。价值增值主要体现在图书馆的服务活动和服务管理中，即创新创业主体在获取服务后，自身创新能力得以提高，价值创造得以实现，同时，图书馆的服务在被创新创业主体认可后，获得竞争优势，实现服务价值的增值。所以，图书馆服务过程中的价值增值是双向的，是互相影响、互相促进的。图书馆服务"双创"的价值增值不仅包括服务价值增值、技术价值增值，也包括社会效益增值、服务团队能力增值，以及其他的无形资产增值等。

　　以服务层为主的价值增值机制的建立是为了促进图书馆服务"双创"目标体系的实现，也将为图书馆服务"双创"的发展提供指导。价值增值机制主要是通过各类服务满足创新创业主体的需求，实现创新创业主体的价值，同时也实现图书馆的服务价值，达到价值互赢。价值增值机制体现在资源的组织中、服务的过程中，通过各种管理制度促进价值的实现和价值的增值。在价值增值机制中,创新创业主体的能力感知是价值增值机制实现的基础,这是因为创新创业主体只有对图书馆的"双创"服务有了了解和感知,才能提出服务需求,寻求服务支持,进而通过服务获得实现自身价值创造。所以,图书馆要通过多种办法宣讲图书馆的服务项目和服务经验,吸引更多创新创业主体的关注和参与。与此同时,图书馆要通过高质量的服务为创新创业主体带来价值,得到其认可,进而实现图书馆的自身价值。

5.4.4 协同共享机制

协同理论是在多学科研究基础上逐渐形成和发展起来的一门新兴学科。协同理论告知我们,系统能否发挥协同效应是由各子系统或系统内组成部分协同作用决定的,系统内外协同得好,系统的整体功能就发挥得好,就能产生 1+1>2 的系统效应,反之,将会增加整个系统的内耗,导致系统无法发挥应有的功能,严重的可能会致使系统处于混乱无序的状态。图书馆服务创新创业本身也是一个系统工程,为提高服务效益,图书馆应协同内外力量来弥补自身的不足,提高在服务中的竞争优势和竞争能力,同时,重视在协同过程中资源、技术、人力和服务的共享,共同促进图书馆服务"双创"体系的完善。

协同共享机制主要是基于图书馆的服务实践而制定的,目的是通过系统内部各要素的协同,以及与外部环境的协同,实现服务有效供给的目标。图书馆服务"双创"体系的协同共享机制包括协同范围、协同主体、协同内容、协同办法的制定,以及协同共享时责任和权益的划分等。为确保创新创业的服务质量,图书馆可打破行政区域、部门和单位等之间的限制进行更多范围、更多主体的协同。也可结合服务项目进行专项服务内容的协同,在协同的同时注重共享的手段和方法,以获得更多服务资源、服务主体和服务技术的支持,形成一个资源共享、优势互补、协同共建的运行机制,进而提升图书馆的"双创"服务能力。共享与协同相辅相成,互相促进,在协同中共享,在共享中完成协同,所以,协同共享机制可将协同和共享联合在一起进行相关运行机制的构建。

5.4.5 评价反馈机制

评价是不断改进和完善服务的基本依据。图书馆"双创"服务的评价反馈是指利用科学可行、动态实用的评价指标体系,采用多种评价方法和手段,对图书馆"双创"服务成效进行评价和考核,并将评价考核结果反馈给相关部门和人员,通过评价人员与服务人员之间的沟通交流,找出服务中的不足并加以改进,进而促进"双创"服务质量的可持续提升。评价仅仅是一种手段,能否达到评价的预期目的,取决于评价结果反馈的实施。所以,评价结果反馈是评价工作的最后一个环节,也是最关键和最重要的环节。建立科学有效的评价反馈机制,对图书馆服务"双创"的整体水平进行量化分析,对各项服务工作的实施效果进行科学界定,从而实现图书馆高效优质服务的目标。

以促进服务提升的评价机制包括评价主体、评价对象、评价指标、评价过程和评价结果五个构成要素,根据评价过程又分为准备、实施、总结三个阶段。评价方法可采用层次分析法、模糊综合评价法、360度反馈评价法等。无论哪种评价方法都要遵循科学性和可行性统一原则、全面性和可操作性相结合原则、定性评价和定量评价相结合原则、内部评价与外部评价相结合原则等。反馈机制主要包括反馈内容和反馈方式,反馈的广度、深度,以及反馈的方式都会直接影响创新创业主体与图书馆沟通的意愿和反馈效果。全面的反馈内容不仅能提高创新创业主体对图书馆各项服务的认知,也利于图书馆全面把握服务的影响效果。同时,畅通的反馈方式,能促进创新创业主体与图书馆之间的有效交互,所以评价反馈机制的建立、创新和发展,对图书馆服务"双创"来说,不仅是创新转型的需要,也与其自身功能定位一致。

5.4.6 组织保障机制

组织保障是指为某一特定目的服务的组织机构、相关人员组成及运行的组织措施。图书馆服务"双创"的组织保障包括组织机构、服务管理制度、资源建设、人才队伍建设、宣传制度等,其中组织机构指图书馆是否有健全的"双创"服务部门和专职、兼职人员;服务管理制度是指图书馆为创新创业服务的各类规划、服务顶层设计、"双创"服务制度等;资源建设是指"双创"服务资源的重点配置和方向性选择等;人才队伍建设是指高业务水平和高素质服务馆员的梯队式建设规划和培养方案;宣传制度是指图书馆"双创"服务的宣传途径、宣传方法等规范要求。上述因素相互影响和合作组成图书馆服务的组织保障体系,在服务运行中提供服务实践应用的保障。

组织保障机制建设的目的是通过相互配合的组织体系保障图书馆"双创"服务的高效实施,保障各项服务目标和任务的高质完成,促进"双创"服务体系的健康长远发展。组织保障机制在运行过程中,除了受自身组织体系因素影响外,往往还会受一些社会因素的影响,如各级创新创业政策、创新创业主体的认可和支持、社会大众对"双创"服务的需求等。随着多元服务模式的发展,以及社会信息环境的急剧变化,图书馆组织保障机制对服务体系的影响作用也会越来越强。对图书馆来说,不仅需继续努力完善自身组织机构和服务制度,完善资源建设规划和人才队伍建设方案,还需重视利用社会因素的积极影响作用,尤其是借助"双创"政策的扶持,借势壮大自身组织结构,通过组织保障促进图书馆"双创"服务目标的实现。

5.4.7 环境影响机制

面向"双创"的图书馆服务体系构建须在良好的服务环境中有效运行才能发挥服务效能。服务环境的影响主要有社会环境、政策制度环境和技术环境的影响。环境对系统的作用和影响将会直接反映在图书馆服务的质量和效果上,直接影响创新创业主体对图书馆的认可、信任和黏合度,所以分析图书馆服务体系的应用环境影响因素,并建立相应的环境影响机制,着力促进环境对服务的正向影响,以提升图书馆的服务能力和服务效益。

根据图书馆服务体系的环境影响因素,环境影响机制的建立主要体现在三个方面:一是社会环境。主要指创新创业浪潮带动的对服务需求的影响,以及信息服务机构增多对图书馆服务形成的竞争环境。二是政策制度环境。通过政策激励和引导图书馆员走出安逸舒适区,转向有挑战性的创新服务研究,促进图书馆服务从一般的信息服务向高质量的知识发现服务转型。有远见的顶层服务设计、完善的规章制度和规范的服务流程也会促进图书馆服务向精细化、精准化服务迈进。三是技术环境。技术的双刃剑作用迫使图书馆不仅要充分利用信息技术对服务的推动作用,关注信息技术在图书馆服务中的发展应用,积极学习利用新技术促进服务水平的提升,也要重视信息技术对安全的威胁和挑战。所以,建立相应的环境影响机制从外部层面促进图书馆服务"双创"体系的构建和稳健运行是必不可少的。

图书馆服务"双创"的体系是一个包含多层次的复杂系统,体系是否能高效运行,取决于各个机制是否能相互影响和相互促进,进而实现系统的整体功能。在整个体系中,信息流转机制是体系得以形成的基础,是体系的最底层,这是因为体系的主要作用是提供服务的,而服务是要通过各个要素之间的信息流动来实现的。协同共享机制是核心运行机制,各个层次及要素是否能协同共进取决于协同共享机制的运行,是系统得以发展的关键部分。目标激励机制是体系的顶层设计,为体系中各个运行机制的发挥提供了方向指导。价值增值机制位于体系运行的上层,通过用户的认可、服务的实现而实现图书馆和创新创业主体的价值增值。环境影响机制、评价反馈机制和组织保障机制分别从不同方面促进和保障了服务体系的发展,各自起着不同的作用。各个运行机制之间相互作用,共同促进图书馆服务"双创"体系的协调发展和高效运行。

6 图书馆服务"双创"的能力影响因素分析

图书馆服务"双创"的能力是由服务"双创"的体系决定的,服务"双创"能力的大小直接影响图书馆服务"双创"的效果。研究服务"双创"的能力影响因素,以及影响因素之间的作用关系,并通过研究假设的提出,构建能力影响因素模型,再通过问卷调查的数据分析验证,分析讨论服务"双创"的能力影响因素之间的作用关系,不仅可为图书馆服务"双创"的策略提出提供依据,为服务"双创"的绩效评估指标的制定提供参考,还有助于图书馆有的放矢地提升服务"双创"的能力,促进服务水平的提升。

6.1 影响因素分析

能力是一种作用力,它依据一定的活动,并在活动中表现出来,会影响活动的最终效果。服务能力是指服务系统提供服务的能力程度,是由一系列能力构成,包括潜能(能做什么)和结果(做了什么),所以图书馆服务"双创"的能力形成过程可分为潜能形成和潜能转化为结果两个阶段。潜能形成阶段主要是资源整合、数据分析、知识再造等阶段。潜能转化为结果阶段主要是形成服务产品传递给创新创业主体用户,从而影响其决策或创新创业进程等阶段。依据能力形成的不同阶段,可将图书馆服务"双创"的能力分为资源整合能力、知识产出能力和服务产品影响力三方面。其中,资源整合能力主要反映的是图书馆工作人员在信息技术的支持下,在自我专业能力的支配下,对信息资源的整合能力。知识产出能力反映的是图书馆的知识创新创造能力,以及与创新创业用户之间的交互能力。服务产品影响力反映的是服务产品对创新创业主体决策的影响大小,以及有效传播和成果转化能力。

对图书馆服务能力影响因素的研究,学者们进行了很多探讨,吴新年[①]认为领导因素、文化因素、技术因素和评估因素是比较关键的因素。徐黎思[②]认为信息服务生态链、信息技术、信息人等是影响信息服务生态链的主要因素。吴玉萍等[③]认为信息资源、信息技术、服务环境、服务效果、日常管理机制等六个方面是影响移动图书馆信息服务能力的主要因素。张旭[④]认为信息人、信息环境、信息、纯收益是影响高校图书馆智库信息服务能力的主要内容。通过梳理文献及实践应用调研发现,影响图书馆服务能力的因素主要集中在主观因素和客观因素两大方面,主观因素主要包括图书馆服务馆员和用户的理念、业务素质、认知水平、服务文化等。客观因素主要包括资源环境、技术条件、馆员结构、资金预算、组织制度等,主客观因素相互影响,相辅相成,共同作用。

图书馆面向"双创"的服务与其以往传统的服务有不同之处,特点鲜明,目标明确,服务的最终目标是实现创新创业主体价值的再造。结合"双创"服务体系的要素内容和组织架构,课题组认为影响"双创"服务能力的因素主要有人的因素、资源因素、环境因素和服务效果因素四个方面。下面对四个方面的因素进行简要分析。

(1)人的因素

人的因素包括服务馆员和创新创业主体两部分。图书馆创新创业服务目前在探索成长期,且一些服务还需多部门乃至不同机构的服务馆员协作完成,加之创新创业过程的知识再造特征,所以,对服务馆员的主观能动、创新意识、协作意愿、知识水平、服务能力、沟通技能等要求较高,这些因素会直接影响创新创业服务产出的多少和产出作品的质量。创新创业主体的满

① 吴新年.图书馆知识服务能力体系结构及关键影响因素分析[J].图书与情报,2009(6):41-44,77.

② 徐黎思.信息服务生态链功效的影响因素及提升策略[J].图书情报工作,2011(4):19-23.

③ 吴玉萍,何杨煜琪,石义金.基于系统动力学的移动图书馆信息服务能力影响因素研究[J].数字图书馆论坛,2018(4):14-20.

④ 张旭.高校图书馆智库型服务体系构建及能力评价研究[D].长春:吉林大学,2019.

意度和持续使用意愿是反映图书馆"双创"服务能力的重要指标,在服务过程中,除了服务馆员的影响因素外,创新创业主体的认知水平、需求表达、体验反馈等因素也会直接影响"双创"服务的使用意愿、使用效果评价等。

（2）资源的因素

资源是图书馆开展"双创"服务的基础和保障,包括信息资源维度、技术资源维度、空间资源维度、组织资源维度几方面。其中信息资源主要包括馆藏资源的丰富度和专业性、共享性和流转性。技术资源主要包括技术的支持度、适应性、智能性等。空间资源主要包括实体空间的共享性、实用性,虚拟空间的稳定性、效用性、推广性等。组织资源主要包括组织文化、服务制度等。上述因素对"双创"服务产出的时效性、针对性、专业性等都会有较大的影响。

（3）环境的因素

环境对图书馆"双创"服务起着支撑作用,影响图书馆服务"双创"能力的环境因素包括外部环境和内部环境。外部环境诸如良好的行业实践环境、健全的社会双创政策环境等都会推动图书馆服务"双创"的积极探索,但服务联盟的缺失、信息服务市场行业产品的强大也会阻碍图书馆"双创"服务的积极性和服务进程。内部环境诸如服务的顶层设计、服务战略规划、服务流程及规范管理、基础设施建设、技术支撑等都会直接影响图书馆"双创"服务是否能顺利开展。

（4）服务效果因素

服务效果会反作用于图书馆,影响图书馆的服务创新和深层挖掘,如创新创业主体的满意度、社会公众影响面、服务产品的个性化需求满足等反映"双创"服务效果的衡量指标是图书馆改进服务策略、提升服务能力的重要参考依据。同时,服务效果的宣传影响也会扩大图书馆服务"双创"的影响力,从而吸引更多的用户。上述影响因素之间不仅互相作用、互相影响,也会有重复交叉,如技术支持既是环境因素变量,也是资源因素的重要部分。各影响因素共同作用于图书馆服务"双创"的能力,并与图书馆服务"双创"的能力之间存在着正反馈回路关系,加之图书馆服务"双创"的不同模式受多层次因素的影响,所以,将多因子、多反馈回路的影响因素作为图书馆服务能力提升的影响因素进行研究有助于实现多样服务的供给。

6.2 假设提出与模型构建

6.2.1 假设提出

(1)人的因素与图书馆"双创"服务能力之间的关系

参考蒋知义等人智慧图书馆员胜任力模型[①]，本课题将服务馆员因素分为能力、素养、知识三个方面。服务馆员的前瞻规划能力、知识整合能力、新技术应用能力、沟通表达能力、团队合作能力等都会影响"双创"服务的规划设计、产品输出，以及与创新创业主体的有效互动，所以假设 H1 服务馆员的能力正向影响图书馆"双创"服务的能力。服务馆员的政治素养、道德素养、心理素养、敬业态度等综合素养，在与创新创业主体交互中会影响服务的有效进行及服务效果，所以假设 H2 服务馆员的素养正向影响图书馆"双创"服务的能力。服务馆员的图书情报专业知识、科研知识、管理学知识、外语知识、计算机知识、创新创业知识等知识水平是实施服务的基础，直接影响知识的输出和输出的知识产品质量，所以假设 H3 服务馆员的知识正向影响图书馆"双创"服务的能力。

参考宋丁伟等人情报人员胜任力模型[②]，本课题将人的因素中的创新创业主体用户因素分为人力资本、心理资本和关系资本三个方面。人力资本体现人的知识技能、文化技术水平与健康状况等，所以创新创业主体良好的人力资本有助于提升"双创"服务产品的形成、利用和转化，所以假设 H4 创新创业主体的人力资本因素正向影响图书馆"双创"服务的能力。创新创业主体的心理资本表现为心理抗压及应变能力、服务利用意识、双创价值观等，良好的心理资本能促使创新创业主体更容易接纳和认可图书馆的"双

---

① 蒋知义,曹丹,邹凯,等.智慧图书馆馆员胜任力双螺旋模型构建[J].图书馆, 2020(12):34-41,66.

② 宋丁伟,宋新平,刘桂锋,等.企业情报人员胜任力模型的构建与实证研究[J]. 图书馆学研究,2014(8):97-101.

创"服务产品,并增强其对"双创"服务的认知力和判断力,进而影响"双创"服务体系的服务质量,所以假设 H5 创新创业主体的心理资本因素正向影响图书馆"双创"服务的能力。创新创业主体的关系资本表现为创新创业主体与图书馆之间的利益关系、创新创业主体之间的相互影响关系,良好的关系资本能促进创新创业主体维护多方面的利益关系,以便能获得更多协同的便利,所以假设 H6 创新创业主体的关系资本因素正向影响图书馆"双创"服务的能力。

(2)资源因素与图书馆"双创"服务能力之间的关系

除上述人力资源因素外,图书馆"双创"服务的资源还来自馆藏资源、共享信息资源、空间资源、技术资源和组织资源。馆藏资源的丰富度、专业性是开展"双创"服务的源泉,所以假设 H7 馆藏资源因素正向影响图书馆"双创"服务的能力。在"双创"服务过程中,各个图书馆除利用自身馆藏开展服务外,还会利用联盟共享信息资源提供服务,所以共享信息资源的共享度、易用性也会影响服务的提供能力,所以假设 H8 共享信息资源因素正向影响图书馆"双创"服务的能力。无论是线下实体空间的有用性,还是线上虚拟空间的可靠性、安全性,都会影响创新创业主体参与的积极性,影响服务提供的效用性,所以假设 H9 空间资源因素正向影响图书馆"双创"服务的能力。

技术资源因素作用的范围比较广,不仅包括基础设施性能,还包括服务系统的支撑及应用性能,如服务应用系统的安全性、稳定性、响应性、标准化等。基础设施性能低会降低图书馆服务的质量,标准化程度低也会降低图书馆的服务协作和互联共享范围,系统响应慢、安全性低都会降低创新创业主体对服务系统的参与和使用,从而影响图书馆服务"双创"的能力,所以提出假设 H10 技术因素(易用性、有用性、可靠性、共享性、安全性、响应性等)可表征图书馆"双创"服务提供能力的强弱。组织资源中的组织文化、服务制度、管理办法等都会约束"双创"服务的规范进行,促进"双创"服务有章可循,有政策可依,对服务的提供有正向影响作用,所以假设 H11 组织资源因素正向影响图书馆"双创"服务的能力。

（3）环境因素与图书馆"双创"服务能力之间的关系

环境因素对图书馆服务的影响有直接的，也有间接的。直接影响表现在良好的内外部环境可带动图书馆"双创"服务系统能力的提升，降低服务风险的发生。间接影响表现在内外部环境可通过影响服务馆员、创新创业主体、资源等对图书馆"双创"服务产生间接的作用。外部环境因素如社会环境和行业环境会对图书馆"双创"服务的决策和长远规划发展等产生较强的影响，所以假设 H12 外部环境对图书馆"双创"服务能力的提升存在正向影响关系。内部环境因素中诸如科学的规划设计、完善的管理制度、标准的基础设施等都会使图书馆"双创"服务明确目标和发展方向，找准服务角色和服务定位，同时，也可倒逼一些低效或不合格的资源和服务项目得以尽快修正和改善，还可提升图书馆与其他部门的协同效能，增强服务人员的职业敏锐度和服务态度，进而促进图书馆"双创"服务能力的提升，所以假设 H13 内部环境因素正向影响图书馆"双创"服务的能力。

（4）服务效果因素与图书馆"双创"服务能力之间的关系

服务效果是衡量图书馆"双创"服务能力水平的直观指标，效果越好说明服务水平和能力越高，更能促进图书馆"双创"服务的良性循环，进而提升图书馆的服务能力。衡量服务效果的因素包括创新创业主体的辅助（影响）决策感知度、社会公众感知度、服务满意度、持续使用意愿等。创新创业主体利用图书馆"双创"服务产品的目的是辅助决策或影响决策，实现价值共创，所以辅助（影响）决策效果的反馈对图书馆"双创"服务成效是一个直接的评价指标。社会公众感知度直接反映社会公众对图书馆"双创"服务能力的认可，所以假设 H14 公众（创新创业主体）感知度与图书馆"双创"服务的能力有着正向影响关系。创新创业主体的服务满意度和持续使用"双创"服务产品的意愿在证明图书馆"双创"服务能力的同时，也能激励图书馆采取更有效的措施全面提升服务能力，实现更高满意度的提升目标，进而促进创新创业主体持续使用意愿行为的发生，所以假设 H15 创新创业主体服务利用意愿度正向影响图书馆"双创"服务的能力。

6.2.2 模型构建

基于以上假设,综合能力管理办法理念,结合专家访谈意见,构建受多种因素影响的图书馆"双创"服务能力流图模型,如图6-1所示。该模型涉及1个主变量(图书馆"双创"服务的能力),4个状态变量(人的因素、资源因素、环境因素、服务效果因素),15个因素变量(服务馆员的能力H1、服务馆员的素养H2、服务馆员的知识H3、创新创业主体的人力资本H4、创新创业主体的心理资本H5、创新创业主体的关系资本H6、馆藏资源H7、共享信息资源H8、空间资源H9、技术因素H10、组织资源H11、外部环境H12、内部环境H13、公众感知度H14、创新创业主体服务利用意愿度H15)。

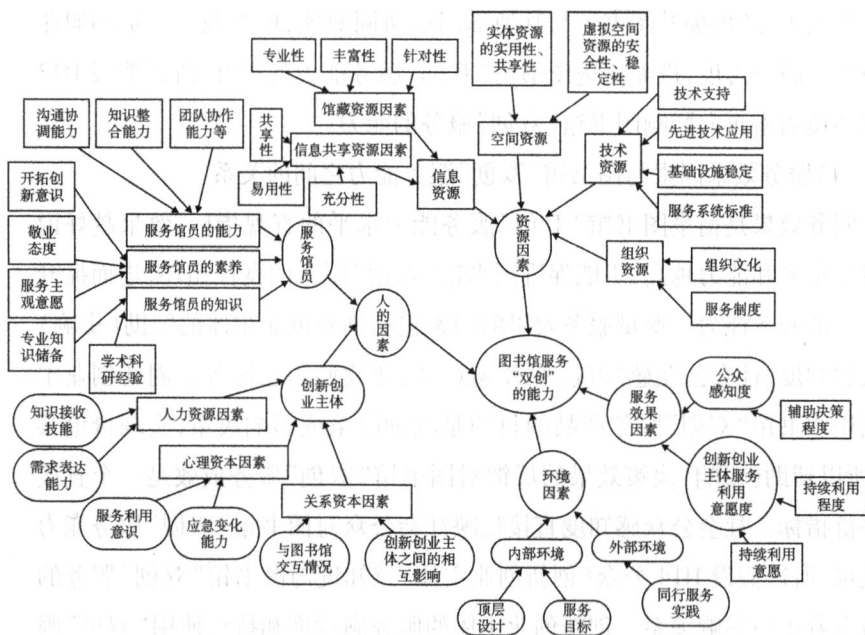

图6-1 影响图书馆"双创"服务能力的因素流图模型

状态变量受因素变量的影响,各个因素变量之间也存在交互作用关系。如创新创业主体利用意愿度不仅会受自身心理资本和人力资本的影响,也会受组织资源、技术因素等因素的影响。空间资源和共享资源也会受技术因素的制约。所以,某种因素的改变会引起其他因素的变化,所以能力影响因素模型是个复杂、动态、多因子的系统。

6.3 数据验证分析

6.3.1 问卷设计与数据收集

本研究采用问卷调查方法获取数据,调查对象为图书馆服务馆员和创新创业服务需求用户。依据上述的研究假设和概念模型,采用李克特(Liket)五级量表法设计了包含15个因素变量,20个观察变量的问卷内容,问卷变量及指标如表6-1所示。

表6-1 问卷调查变量指标

维度	因素变量		观察变量
人的因素	服务馆员	H1 服务馆员的能力	沟通协调能力、知识整合能力、团队合作能力等
		H2 服务馆员的素养	开拓创新意识、敬业态度、服务主观意愿等
		H3 服务馆员的知识	专业知识储备、学术科研经验等
	创新创业主体	H4 人力资本因素	知识接收技能、需求表达能力等
		H5 心理资本因素	服务利用意识、应急变化能力等
		H6 关系资本因素	与图书馆的交互情况
			创新创业主体之间的互相影响
资源因素	信息资源	H7 馆藏资源因素	丰富性、专业性和针对性
		H8 信息资源共享因素	共享性、易用性和充分性
	空间资源	H9 空间资源因素	实体空间资源的实用性、共享性等
			线上服务平台的安全性、稳定性等
	技术资源	H10 技术资源因素	信息技术支持、先进技术应用等
			基础设施稳定、服务系统标准等
	组织资源	H11 组织资源因素	组织文化、服务制度等
环境因素		H12 内部环境因素	顶层设计、服务目标等
		H13 外部环境因素	创新创业政策支持
			同行服务实践

续表6-1

维度	因素变量	观察变量
服务效果因素	H14 公众感知度	辅助决策影响程度
	H15 创新创业主体	持续使用意愿
	服务利用意愿度	持续使用行为

问卷分为基础信息和图书馆服务"双创"的能力影响因素两个部分。基础信息部分包括五方面内容:被调查者的年龄、职业、学历、对"双创"的认识,以及创新创业经历。能力影响因素部分按因素影响变量设计了25道单项选择题。为确保问卷容易被调查者接受,在语言设计方面力争简单易懂。为增强调查数据的代表性,保证数据的质量,采用网络问卷和实地问卷相结合的形式,对不同类型的创新创业主体展开调查。实地调查数据主要来自郑州大学、河南工业大学、中原工学院参加"创新杯""挑战杯""创新创业"比赛的大学生,收回的纸质问卷共211份。网络调查研究数据主要来自一些院校图书馆、河南省中小企业和小部分社会大众,有效问卷共346份。在调研中遗憾的是没采集到政府用户对图书馆"双创"服务能力影响因素的意见。

将收回的纸质问卷数据进行对应输入,对557份问卷数据进行基本信息统计,结果如下:

①调研对象的年龄集中在25岁到44岁,所占比例71.26%;

②调研对象中图书馆服务人员占比29.18%,创新创业主体用户占比70.82%;

③本科学历占比63.69%,研究生以上学历占比24.39%;

④对创新创业了解的占比82.69%;

⑤有创新创业经历或创新创业服务的占比73.68%。

数据显示收集的样本数据具有一定的代表性,数据来源可靠度较高。

6.3.2　数据信效度检验

课题应用SPSSAU软件在线对问卷数据进行信度、效度,以及相关性的检验和分析,衡量模型构建的可靠性和有效性。组合信度(Composite Reliability,CR)大于0.7,意味着有较好的信度。平均方差萃取值(Average Variance Extracted,AVE)值大于0.5,说明聚合(收敛)效度较高。模型的信度及聚合效度如表6-2所示。CR值都在0.9以上,AVE值均大于0.5,都在0.6以上,说明模型有较好的信度和聚合效度。

表6-2　模型组合信度和聚合效度

维度	CR	AVE	因素变量	CR	AVE
人的因素	0.928	0.618	服务馆员	0.928	0.827
			H1 服务馆员的能力	0.921	0.741
			H2 服务馆员的素养	0.918	0.775
			H3 服务馆员的知识	0.924	0.784
			创新创业主体	0.923	0.843
			H4 人力资本因素	0.922	0.636
			H5 心理资本因素	0.919	0.827
			H6 关系资本因素	0.924	0.741
资源因素	0.953	0.695	信息资源	0.948	0.674
			H7 馆藏资源因素	0.947	0.753
			H8 信息资源共享因素	0.947	0.798
			空间资源	0.945	0.82
			H9 空间资源因素	0.946	0.794
			技术资源	0.947	0.844
			H10 技术资源因素	0.946	0.832
			组织资源	0.95	0.794
			H11 组织资源因素	0.954	0.804
环境因素	0.936	0.785	H12 内部环境因素	0.948	0.818
			H13 外部环境因素	0.947	0.832
服务效果因素	0.947	0.817	H14 公众感知度	0.947	0.699
			H15 创新创业主体服务利用意愿度	0.945	0.718

AVE 平方根值可表示因子的"聚合性",相关系数表示相关关系,如果因子"聚合性"很强(明显高于与其他因子间的相关关系绝对值),则说明具有区分效度。如果某因子 AVE 平方根值大于该因子与其他因子的相关系数绝对值,并且所有因子均呈现出这样结论,说明具有良好的区分效度。课题从四个维度,即四个因素因子对模型进行了区分效度分析,如表6-3 所示。

表6-3　区分效度:Pearson 相关与 AVE 平方根值

维度	人的因素	资源因素	环境因素	服务效果因素
人的因素	**0.786**			
资源因素	0.784	**0.833**		
环境因素	0.682	0.808	**0.887**	
服务效果因素	0.727	0.786	0.601	**0.904**

备注:斜对角线加粗数字为 AVE 平方根值。

由表6-3 可知,针对人的因素,其 AVE 平方根值为 0.786,大于因子间相关系数绝对值的最大值0.784,意味着其具有良好的区分效度。针对资源因素,其 AVE 平方根值为 0.833,大于因子间相关系数绝对值的最大值0.808,意味着其具有良好的区分效度。针对环境因素,其 AVE 平方根值为0.887,大于因子间相关系数绝对值的最大值 0.808,意味着其具有良好的区分效度。针对服务效果因素,其 AVE 平方根值为 0.904,大于因子间相关系数绝对值的最大值 0.786,意味着其具有良好的区分效度。

上述结果表明课题研究数据的信度、聚合效度较好,可靠性较高,可继续进行深入分析研究。

6.3.3　结构模型检验

为了再次检验所构建模型的科学性和合理性,本研究利用比前面使用的 SPSSAU 软件功能强的 Smartpls 数据分析软件(版本 smartpls3.3.5),采用偏最小二乘法,样本数用 2000,加权方案设置为"重心化",进行 pls 自助计算,对所提出的 15 个假设进行验证。从直接影响、间接影响及总体影响三个方面进行变量间作用关系的分析。

（1）直接影响关系

假设检验的直接路径系数（Path Coefficients）相关结果如表6-4所示。表中显示，样本标准差（Standard Deviation）及 T 值均大于0，P 值均小于0.02，本研究提出的15个假设均获得了数据支持，说明15个假设与图书馆"双创"服务的能力均存在正向直接影响。

表6-4　模型检验直接路径系数结果

假设变量	初始样本（O）	样本均值（M）	标准差（S）	T 统计量（O/S）	P 值
H1 服务人员的能力	0.386	0.388	0.056	6.850	0.000
H2 服务人员的素养	0.435	0.437	0.057	7.650	0.000
H3 服务人员的知识	0.465	0.468	0.060	7.691	0.000
H4 创新创业主体的人力资本因素	0.365	0.366	0.057	6.428	0.000
H5 创新创业主体的心理资本因素	0.411	0.412	0.053	7.789	0.000
H6 创新创业主体的关系资本因素	0.439	0.440	0.056	7.891	0.000
H7 馆藏资源因素	0.667	0.672	0.060	11.047	0.000
H8 信息共享因素	0.508	0.511	0.060	8.447	0.000
H9 空间资源因素	0.509	0.509	0.053	9.564	0.000
H10 技术资源因素	0.437	0.437	0.056	7.794	0.000
H11 组织资源因素	0.429	0.430	0.053	8.043	0.000
H12 内部环境因素	0.245	0.261	0.068	7.526	0.000
H13 外部环境因素	0.660	0.671	0.064	8.699	0.000
H14 公众感知度	0.631	0.635	0.071	8.826	0.008
H15 创新创业主体服务利用意愿度	0.794	0.719	0.074	9.699	0.000

（2）间接影响关系

计算结果显示模型中各个变量之间均有影响路径系数,样本标准差（Standard Deviation）及 T 值均大于 0,P 值几乎全为 0,说明各个变量之间存在着间接影响作用关系。因篇幅有限,摘取部分数据说明不同变量之间的影响关系,如表 6-5 所示。表中所示,人的因素会影响资源因素,也会受服务效果因素的影响,环境因素会同时影响人的因素和资源因素,不同因素之间的关系对图书馆服务"双创"的能力有着间接的互相影响。

表 6-5　模型检验间接路径系统结果

变量	初始样本（O）	样本均值（M）	标准差（S）	T 统计量（|O/S|）	P 值
服务效果因素→H1 服务人员的能力	0.387	0.387	0.049	7.921	0.000
服务效果因素→H2 服务人员的素养	0.411	0.411	0.051	8.012	0.000
服务效果因素→H3 服务人员的知识	0.425	0.425	0.053	7.949	0.000
服务效果因素→H4 创新创业主体的人力资本因素	0.376	0.377	0.052	7.277	0.000
服务效果因素→H5 创新创业主体的心理资本因素	0.400	0.400	0.050	8.028	0.000
人的因素→H7 馆藏资源因素	0.086	0.086	0.039	2.188	0.029
人的因素→H8 信息共享因素	0.091	0.091	0.041	2.218	0.027
人的因素→H9 空间资源因素	0.094	0.094	0.042	2.237	0.025
人的因素→H10 技术资源因素	0.083	0.084	0.040	2.106	0.035
人的因素→H11 组织资源因素	0.088	0.089	0.041	2.145	0.032

续表 6-5

变量	初始样本 (O)	样本均值 (M)	标准差 (S)	T 统计量 (|O/S|)	P 值
人的因素→H12 创新创业主体的关系资本因素	0.091	0.092	0.042	2.191	0.029
资源因素→H1 服务人员的能力	0.249	0.244	0.047	5.275	0.000
资源因素→H2 服务人员的素养	0.264	0.26	0.052	5.089	0.000
资源因素→H3 服务人员的知识	0.273	0.269	0.054	5.064	0.000
资源因素→H4 创新创业主体的人力资本因素	0.242	0.238	0.046	5.255	0.000
资源因素→H5 创新创业主体的心理资本因素	0.257	0.253	0.05	5.175	0.000
资源因素→H6 创新创业主体的关系资本因素	0.265	0.261	0.053	4.964	0.000
内部环境因素→H1 服务人员的能力	0.143	0.142	0.033	4.278	0.000
内部环境因素→H2 服务人员的素养	0.151	0.15	0.034	4.420	0.000
内部环境因素→H3 服务人员的知识	0.157	0.155	0.035	4.469	0.000
内部环境因素→H4 创新创业主体的人力资本因素	0.139	0.138	0.034	4.038	0.000
内部环境因素→H5 创新创业主体的心理资本因素	0.147	0.146	0.035	4.238	0.000
内部环境因素→H6 创新创业主体的关系资本因素	0.152	0.151	0.036	4.253	0.000
内部环境因素→H7 馆藏资源因素	0.103	0.103	0.031	3.264	0.001

（3）总体影响关系

各个变量的总体影响关系如表6-6所示，从表6-6中可看出，每个维度中，各个变量的影响大小不一。总体来看，在人的因素中，服务人员的知识对图书馆"双创"服务能力的影响较大，系数为0.465。资源因素中馆藏资源因素影响较大，系数为0.667，内外部环境因素对多个变量都有影响，尤其是对服务人员的知识和创新创业主体的关系资本因素的影响较大。服务效果因素受服务馆员的知识、馆藏资源、内部环境等影响较大。

表6-6　变量总体影响路径系数

总体影响	人的因素	资源因素	内部环境因素	外部环境因素	服务效果因素
服务人员的能力	0.386		0.143	0.194	0.389
服务人员的素养	0.435		0.151	0.206	0.414
服务人员的知识	0.465		0.157	0.213	0.427
创新创业主体的人力资本因素	0.365		0.139	0.189	0.378
创新创业主体的心理资本因素	0.411		0.147	0.200	0.402
创新创业主体的关系资本因素	0.439		0.152	0.207	0.415
馆藏资源因素		0.667	0.103	0.140	0.448
信息共享因素		0.508	0.090	0.122	0.391
空间资源因素		0.509	0.090	0.122	0.391
技术资源因素		0.437	0.083	0.113	0.362
组织资源因素	0.359	0.429	0.082	0.112	0.359
内部环境因素	0.230	0.126			0.419
外部环境因素	0.228	0.171			0.307
公众感知度	0.053	0.029	0.229	0.169	
创新创业主体服务利用意愿度	0.114	0.062	0.495	0.364	

6.4 结果讨论分析

上述数据分析显示,本次调研数据具有一定的代表性,提出的 15 个研究假设均得到了数据支持,表明 15 个假设都跟图书馆服务"双创"的能力存在正向直接影响作用,且在各个变量的相互作用模型关系中,数据分析也证明了它们之间显著的影响关系。下面从两个影响层面进行简要分析。

6.4.1 总体层面影响因素

依据数据结果,对图书馆"双创"服务能力的影响因素进行分析。在总体影响方面,资源因素影响最大,环境因素影响最小。在直接影响方面,服务效果因素影响最大,内部环境因素影响最小。在间接影响方面,服务效果因素对服务馆员及创新创业主体的间接影响系数最高。这些影响关系首先说明在图书馆"双创"服务的过程中,资源因素是影响图书馆"双创"服务的关键因素,尤其是线上空间资源因素的支持,在资源因素的权重占比最大,系数为 0.536,这也说明线上创新创业平台的支持,以及线上数字资源对"双创"服务和创新创业的影响也较大,比较受创新创业主体的青睐。所以,在"双创"服务的过程中,图书馆应加强创新创业平台开放性和功能性的完善。其次,数据结果显示服务效果因素对其他因素影响比较广泛,这一数据结果跟目前图书馆"双创"服务的实践结果是一致的,说明创新创业主体的感知和使用意愿是促进图书馆"双创"服务能力提升的重要因素,因此要重视创新创业主体的感知度和使用意愿,关注创新创业主体的体验和感受,从多角度创造沉浸式体验场景。最后,数据表明各个因素之间存在复杂的相互关系,图书馆服务"双创"能力的提升有赖于各个影响因素综合发挥合力作用,所以,图书馆可从影响因素较大的维度着手,如提升服务馆员的能力、完善服务资源等提升资源之间的相互影响作用,进而提升图书馆服务"双创"的综合能力。

6.4.2　各个因素影响层面

在"人的因素"层面,数据显示服务馆员的知识、能力、素养的影响系数分别为0.465、0.435、0.386,可见,服务馆员的知识储备不仅是基础,还起决定作用,所以,要重视图书馆"双创"服务馆员多学科知识的构建,为服务能力的提升做好保障。在创新创业主体因素中,人力资本因素、心理资本因素、关系资本因素影响系数分别为0.365、0.411、0.439,可见,创新创业主体之间、创新创业主体与图书馆之间的关系对服务影响较大,也提示图书馆不仅要重视自身馆员知识的储备,还要重视与创新创业主体之间良好合作互动关系的建设,促进知识在不同主体之间进行良性流动。在"资源因素"方面,馆藏资源因素、信息共享因素、空间资源因素、技术资源因素、组织资源因素的影响系数分别为0.667、0.508、0.509、0.437、0.429,可见,馆藏资源在图书馆"双创"服务过程中的关键性基础作用,馆藏资源依然是服务之源和之本,完善具有专业性和针对性特征的馆藏资源依然是图书馆"双创"服务过程中资源建设中的重中之重。在"环境因素"方面,内外部环境的影响系数分别为0.245、0.660,说明外部环境中,尤其是同行的"双创"实践成果对图书馆"双创"服务有着显著的影响,说明参考和借鉴同行的"双创"服务实践是可行的,有必要的。在"服务效果因素"层面,公众感知度和创新创业主体利用的意愿度的影响系数分别为0.631、0.794,比较得出创新创业主体利用的意愿度对图书馆"双创"服务的影响比公众感知度的影响要强些,说明利用意愿度越高,越能发挥创新创业主体之间的互相影响作用,促进图书馆"双创"服务更广泛的应用。

7 图书馆服务"双创"的绩效评估

国外对"绩效评估"的研究历史久远,且广泛应用于各个领域和行业。国内对"绩效评估"的研究初起于企业,后来应用面也逐步拓展。尤其是信息服务绩效评估在电子政务、科技、网络、档案、图书馆等领域应用广泛。我国图书馆绩效评估的理论研究和实践始于 20 世纪 90 年代末,2001 年,国家图书馆开始制定《国家图书馆绩效评估指标体系》,标志着我国图书馆绩效评估工作正式实施。对图书馆服务绩效的研究多关注在数字资源的绩效评估、知识服务的绩效评估、阅读推广的绩效评价等,这与图书馆界对上述服务的投入与效益的密切关注有关。如肖珑、张宇红[①]提出从电子资源内容、检索系统及功能、使用情况、价值与成本核算、数据库商的服务、存档六个方面构建电子资源评价体系。周瑛、刘天娇[②]从对人员的评价、对知识服务资源配置的评价以及对知识服务成果的评价三个方面构建高校图书馆知识服务绩效评估指标。王素芳等[③]提出了一个包括图书馆、用户感知、社会影响等多维度的儿童阅读推广活动综合评估指标体系。总体而言,国内图书馆的理论研究和实践都在不断丰富。

自 2014 年"双创"提出以来,各级各类图书馆积极探索"双创"服务的开展,在轰轰烈烈的实践中,图书馆"双创"服务的质量如何、能力怎样、效益如何、社会评价怎样、用户满意度如何、未来是否能可持续发展等都值得评价和考评。在图书馆情报领域,有学者用"绩效评估",也有学者用"绩效评价"和"绩效考评"来表述图书馆对某个服务项目投入与产出效益的管理和评

---

① 肖珑,张宇红.电子资源评价指标体系的建立初探[J].大学图书馆学报,2002(3):35-42,91.

② 周瑛,刘天娇.基于神经网络的高校图书馆知识服务评价体系研究[J].情报理论与实践,2013(2):55-59.

③ 王素芳,孙云倩,王波.图书馆儿童阅读推广活动评估指标体系构建研究[J].中国图书馆学报,2013(6):41-52.

价。课题组认为图书馆服务"双创"的绩效评估与绩效评价在本研究中内涵是一致的,在本章节中会有互换使用,特此说明。图书馆服务"双创"的绩效评估目标主要有两方面:一是对图书馆"双创"的服务能力进行评估,通过以评促改提升服务能力;二是对图书馆"双创"的服务结果进行评估,通过以评促建提升服务影响力。本章从绩效评估的理论指导着手,分析基于服务能力的图书馆服务"双创"的绩效评估内容,而后遵循一定的原则,构建科学合理的评估指标,并运用德尔菲法对评估指标进行权重计算。接着,研究适合图书馆服务"双创"特点的绩效评估方法,并对图书馆服务"双创"绩效评估的组织实施进行探究。最后,分析服务"双创"绩效评估的影响因素,并提出相应的对策,以提高绩效评估结果的信度和效度,达到图书馆服务"双创"绩效评估的目的。

7.1 图书馆服务"双创"的绩效评估理论指导

创新创业本身是一个多学科相融的活动,所以,图书馆的"双创"服务过程中也会涉及多学科背景。图书馆服务"双创"的绩效评估跟其他服务绩效评价一样,也存在着评价困境,且绩效评价是个实践性很强的工作,故需理论的指导。绩效评估理论是指与评估的目的、作用、内容等有关的系统性知识,决定着评估指标体系的设计。信息学、管理学、经济学和社会学的系统科学理论、利益相关理论、用户满意度理论、成本效益理论、可持续发展理论、3E 理论都为其提供了不同程度的理论支撑。

7.1.1 系统科学理论

系统科学理论认为,系统是由若干相互联系和相互作用的部分(要素)组成的具有特定结构和功能的有机整体。① 图书馆服务"双创"的体系也是一个由不同要素组成的,具有多层次结构的服务整体。按系统学的基本原理和思想方法,系统的整体功能不仅是各组成部分的功能之和,而应是再加

① 肖希明,文甜.信息资源共享系统绩效评估的理论意义与实践原则[J].图书情报工作,2009(19):10–13,76.

上各部分因相互作用而形成的新功能。同时,系统具有动态平衡、各要素相互关联的特征。基于上述两点,系统科学理论对图书馆"双创"服务绩效评估的指导意义在于:一是应着眼于系统整体功能的评价,而不能局限于单个要素或子系统的绩效测评。二是在设立指标体系时,要分析各级指标之间的关联和逻辑关系,不仅要保证指标设置的科学性和全面性,指标之间还要具有层次性和逻辑性,同时还要考虑内外部环境因素的影响,考虑系统与外界的作用关系,综合运用多种方法进行评价,以保证评估的客观性和公正性。

7.1.2 用户满意度理论

"满意"是对需求是否满足的一种界定尺度,也是顾客(用户)对产品或服务体验到的一种情绪反映。用户满意度理论是从顾客满意度理论演变而来的。顾客满意度指的是顾客对一个产品可感知的效果与期望值比较后,形成的愉悦或失望的感觉状态。[①] 顾客满意度是评价企业质量管理体系的重要手段,通过顾客满意度的指标及满意度的级度对顾客满意度进行监控和分析,进而改进企业服务的质量管理。借鉴顾客满意度理论,创新创业主体的满意度也是图书馆"双创"服务绩效评估的重要方面,创新创业主体是否满意是图书馆绩效评估重点考察的内容,所以在绩效评估中,要重视创新创业主体的满意度测评,不仅要让创新创业主体参与评价,还要在一些指标设计中重点体现创新创业主体对"双创"服务的感知度和满意度。毕竟,有创新创业主体参与的评价结果才能得到更多社会公众的认可,以创新创业主体满意度为导向的评价,对"双创"服务也会有一定的正面约束和促进作用。

7.1.3 利益相关者理论

利益相关者理论是随着人们对企业社会效应的关注而被提出来的,其要求企业在管理过程中要兼顾各类利益相关者,如股东、雇员、顾客、供应商

---

① 罗贝宁,邓胜利.用户满意度理论发展与应用研究[J].图书情报工作,2005,49(4):23-25.

等具有相关利益的群体和个人。用利益相关者模型对企业进行绩效评价，角度更广泛，不仅包括财务绩效等经济指标，还包括社会责任等社会指标，所以企业应用比较多。此理论对图书馆服务"双创"绩效评估的指导意义在于：图书馆服务"双创"的绩效评估也要考虑参与者的多方利益，要从"双创"服务的所有参与者，即服务馆员、协作单位、创新创业主体等利益相关者角度出发进行评估，且关注不同主体的不同利益诉求，如对图书馆本身来说，利益诉求不仅包括服务的投入与产出收益比，还包括服务馆员的工作成就感、职业自豪感、工资待遇提升等是否满足。对创新创业主体用户，其利益诉求主要包括服务产品对创新创业的辅助或决策影响、需求满足度、服务获取的便捷性等。对协作单位，其利益诉求主要包括协作服务带来的经济效益和社会效益等。所以，在图书馆服务"双创"体系的绩效评估中要围绕相关者的利益诉求进行全面评价。

7.1.4　成本效益理论

成本效益理论也称为成本收益理论，它是经济学中较常见且常用的一种理论方法，是与市场经济相对应的产物，是通过权衡收益与成本来评价活动可行性的一种系统经济分析方法。[①] 它的前提是追求效益的最大化，即从事经济活动的主体，用最小的成本追求获取最大的收益。图书馆服务"双创"作为一种实践活动，有各方面的投入，如资源、技术、人力、管理都有一定的成本，也希望通过服务能有多方面的收益，包括诸如资源利用率的提升、创新创业主体满意度的提高等直接收益，也包括图书馆竞争力的提升、社会公众对图书馆认可度的提高等间接收益。当然，也有可能是负收益，如技术带来的威胁破坏等，这也是有些图书馆不愿投入开展"双创"服务的担忧原因。再者，对服务成效的评估也是图书馆"双创"服务绩效评估的目的之一，所以，用成本效益理论指导图书馆服务"双创"的绩效评估不仅是可行的，而且是必要的。尽管收益评价是一个综合性指标，会比较难以评价，但这是实现图书馆科学管理决策的重要手段之一。

---

① 曾利军,张世梅,陈天勇. 大学生自主创业的激励措施研究:基于成本收益理论[J].中国商论,2020(9):175–177.

7.1.5 可持续发展理论

可持续发展理论是指既满足当代人的需要,又不对后代人满足其需要的能力构成危害的发展。可持续发展理论发展到今天已经成为一个有关社会经济发展的全面性战略。其核心思想有两层含义:一是发展,二是可持续。发展是目的,但前提必须是可持续发展。科学发展观是可持续发展理论最好的体现,从科学发展观的视角认识图书馆服务"双创"的绩效评估,就是把评估的着眼点立足于图书馆的"双创"服务活动是否有效助力创新创业活动的全面开展,是否能促进图书馆服务体系内各要素的协同发展,是否能提升图书馆服务的高效发展,是否能给各类创新创业主体提供公平服务。尽管目前有些图书馆开展"双创"服务还存在一些困难或问题,但创新创业服务需求是当代社会公众的迫切需求,所以要坚持可持续发展的理念,采取多种模式把"双创"服务推向深入。再者,要坚持协调、综合的服务发展模式,避免简单粗放式发展,既要考虑经济效益,也要考虑生态环境效益,确保"双创"服务的良性健康可持续发展。

7.1.6 "3E"评估理论

国际上最为流行的"3E"评估理论,即 Economy(经济)、Efficiency(效率)、Effectiveness(效果)是公共组织评估理论之一。[①] 其中,经济是指以低成本投入产出高收益产品,效率是指投入与产出之比,效果则是实现目标的程度。"3E"评估理论在绩效评估、公共政策评估、软实力评估等领域得到了广泛的应用。其科学化、透明化的评估体系增加了效率与绩效评估的可操作性,对公共政策评估体系的完善和发展起到了很大的推动作用。[②] 借鉴公共组织的"3E"评估理论,将经济、效率、效果作为重要指标进行图书馆服务"双创"的绩效评估设计,并在评估中将侧重点从投入产出比转向注重综合

---

① 柯平,宫平.公共图书馆服务绩效评估模型探索[J].国家图书馆学刊,2016,25(6):3-8.

② 王柱.财政促进就业专项资金绩效评价的实践与探索[J].行政事业资产与财务,2017(34):23,20.

效益、服务质量等方面,尤其是社会效益的体现,以体现图书馆服务"双创"的效用性和效果性。

7.2 图书馆服务"双创"的绩效评估内容

图书馆服务"双创"的绩效评估是指在组织管理中,对既定任务和特定目标的完成情况进行评价。在前面章节的图书馆服务"双创"的能力影响因素研究中可知,人的因素和资源因素具有关键性和基础作用,而在完成"双创"服务目标和任务的过程中,毫无疑问,需投入管理和成本,这些正需要人去管理人、管理资源、管理成本,所以要考察管理绩效和经济(成本)绩效。再者,目标任务借助信息技术会完成的更高效,而技术投入也是有成本的,所以需考察技术绩效。目标任务的完成还会受到服务能力影响因素中社会环境的影响,且在目标任务完成后,服务效果的评价也反映了社会的反馈和影响,以及后续的发展,所以也要考察社会绩效和可持续发展绩效。

7.2.1 管理绩效

朱衍强、郑方辉[①]认为管理绩效评价可以分析为什么同样的管理活动会有不同的绩效结果,不同的管理方式和手段具有不同的绩效结果。盛运华、赵宏中[②]认为管理绩效强调过程管理,注重管理过程中的绩效计划的制订等。对图书馆服务"双创"的管理内容及过程进行评估,目的是要考察过程管理如何,会产生什么样的绩效结果。管理绩效在图书馆服务"双创"的评估中也最为重要,这是因为图书馆服务"双创"的活动要在有限的资源范围内,通过对人力、物力、财力等资源进行管理,并受与活动有关的不同利益者的不同需求影响,完成"双创"服务的目标和任务。再者,随着国家"双创"的推进,对图书馆开展"双创"服务的要求、投入及重视度也会不断加强,随之而来的战略管理和细节管理也需得到重视。还有,对图书馆"双创"服务的

① 朱衍强,郑方辉.公共项目绩效评价[M].北京:中国经济出版社,2009.
② 盛运华,赵宏中.绩效管理作用及绩效考核体系研究[J].武汉理工大学学报,2002,24(2):90-91,98.

有效管理,是未来可持续发展的关键,所以,管理绩效的评价是图书馆"双创"服务评估中的重要内容。

图书馆服务"双创"的管理绩效评估是指将图书馆的管理活动作为评价对象,对其在"双创"服务过程中的计划、方案、具体实施等完整服务周期的管理活动进行的考核和评价。包括以下内容:一是"双创"服务活动组织者的能力,即反映组织者对服务过程的管理水平。二是服务开展过程因素,即对质量、进度的管理等。三是综合管理因素,即服务的制度、规划、监管等管理。其中组织者包括图书馆管理者、具体服务的执行者、其他参与者。管理者的计划能力、组织能力、领导能力和控制能力都是组织者的能力评价指标内容。执行者的理解能力、沟通协调能力、解决问题能力等是衡量执行者执行力的指标内容。参与者的配合能力、角色完成能力是参与者的能力评价指标内容。服务开展过程因素的管理是对"双创"服务过程的成本、质量、进度等管理进行的绩效考核,主要从服务成本管理的有效性和及时性、基于创新创业主体满意度的服务质量改进、影响服务进度的因素分析等几个方面进行评价。综合管理因素主要从服务计划或方案的可操作性、活动的规范制度化、活动监管等方面进行评价。

7.2.2 经济绩效

经济学对"经济绩效"的解释为:指经济与资源分配以及资源利用有关的效率的评价。图书馆的经济绩效是指图书馆经济效益中的直接效益部分,主要是指图书馆通过有效的管理手段,利用管理过程中的相关资源,实现资源配置的优化和高效利用,然后以服务的方式获取一定的货币收入。[①]对图书馆经济绩效进行评价不仅是为了考察日常运营投入的成本和获取效益之间的比值,更重要的是通过评价争取更多的财政支持,帮助图书馆趋利避害,促进图书馆创新服务项目,将图书馆服务价值最大化。国内对图书馆经济绩效的研究经历多个阶段后,逐步转向图书馆的直接经济效益和产出价值的评估方面上,并且对图书馆的服务质量开始进行量化研究。

---

① 柯平.图书馆战略管理[M].北京:海洋出版社,2015.

参考图书馆的经济绩效评价内容,图书馆服务"双创"的经济绩效可分为:一是"双创"服务活动的财务评价。财务评价主要是计算"双创"服务如人、财、物,以及运行维护费用的投入,计算如资源加工、服务产品提供等产出,将投入和产出编制成财务报表,给出"双创"服务的可行性结论。二是"双创"服务活动对国民经济推动的评价。国民经济推动的评价主要是通过"双创"服务活动的经济效益、效果和社会影响,评价"双创"服务活动对国民经济贡献的合理性。

7.2.3 技术绩效

简单地说,技术绩效就是技术带来的效益。在信息环境下,图书馆的服务跟技术更是紧密相关,目前图书馆的绝大多数服务都需要在一定的技术支持下得以完成。"双创"服务也不例外,不仅需借助信息化技术搭建创新创业平台,通过技术传播渠道进行宣讲和吸引创新创业主体的关注和使用,还需通过技术应用完成服务项目的产出,如知识挖掘、数据分析、可视化展示等。技术的投入也是有一定的成本的,技术的先进性、适用性如何,新技术使用后服务成效如何都是技术效益评估需思考的问题。

图书馆服务"双创"的技术绩效评估主要内容有以下三个方面:

第一,技术先进性的评价。主要指在服务过程中是否使用了先进的技术水平支撑"双创"服务平台的搭建、功能的实现、开放性的保障等,是否使用了先进的技术设备应用在创新创业服务的过程中,是否应用了先进的技术在服务产品的输出上。第二,技术适用性的评价。指服务过程中应用的技术是否跟创新创业主体的技术水平相适应,创新创业主体是否能接受。服务过程中应用的技术服务馆员是否能灵活掌握和高效熟练运用。第三,技术效率的评价。指利用技术后资源的节约程度,以及技术的充分应用性如何。

7.2.4 社会绩效

图书馆作为政府投资的社会公益性组织,追求社会效益不仅是首要的,也是必需的。图书馆的社会效益实则为间接的经济效益,表现为图书馆在运营过程中通过研发一些新的服务项目,扩充一些价值较高的信息资源,并使之服务于社会,形成社会发展的推动力,产生一定的价值。从图书馆的作用和本质属性来说,其社会效益与直接经济效益相比,社会效益更为突出,所以,对图书馆社会效益进行评价的出发点在于考察图书馆服务是否推进了社会的政治、科技、文化、教育等活动的发展,是否促进了社会精神文明建设的发展。

对图书馆服务"双创"的社会绩效进行评价主要是系统地调查和预测"双创"服务活动对社会创新创业进程的促进和对社会经济的影响,分析服务项目和创新创业主体的相互适应性,评价"双创"服务活动对创新创业活动的推动。图书馆服务"双创"的社会绩效评价内容主要包括以下三个方面:第一,创新创业主体利用图书馆服务后取得的成果收益。如科研项目立项、专利申请成功、专利成果转化、创业项目实施等。第二,创新创业主体的满意度。如个性化服务是否满意、特色化服务是否能实现、服务是否对创新决策形成足够的影响、对服务馆员服务态度和服务效率是否满意等。第三,社会人文效果。如图书馆社会影响力和知名度的提高、图书馆竞争力的提升、吸引更多用户利用图书馆的"双创"服务等。

7.2.5 可持续发展绩效

可持续发展绩效往往与企业紧密联系,企业的可持续发展问题是整个社会经济可持续发展的基本问题。所以,按照战略管理思想,可持续绩效集成管理最高层面是体现在企业价值观、企业领导力原则中可持续性基本愿景,整合制定各种企业可持续政策和战略。对图书馆来说,进行可持续发展绩效评估和管理也是基于可持续发展视角,评价图书馆服务活动在社会、经济、环境等各个维度的绩效,是图书馆绩效评估的最终目标。

图书馆服务"双创"的可持续发展包括"双创"服务活动自身的可持续发展,以及"双创"服务活动对国家和地区的持续发展的影响。对图书馆服务"双创"的可持续发展进行评价是为了图书馆服务能力的构建和服务影响的推广。在评价中应坚持利益关系协调性原则、社会影响合理性原则、成本效益优先性原则、可持续评价指导性原则等。图书馆服务"双创"的可持续发展绩效评估主要包括:一是"双创"服务自身的可持续绩效,如目标绩效、服务创新绩效、机构与运行机制的完善度、风险与机会的管理等。二是"双创"

服务活动对国家和地区的可持续发展影响评价,如环境与资源的可持续绩效、社会发展的可持续绩效等。

7.3 图书馆服务"双创"评估指标体系的构建

评价指标是否科学合理、操作简单、适用性广、全面、客观公正等都会直接影响评估的过程及结果,所以在构建图书馆服务"双创"的评估指标时要遵循科学的原则,采用正确的方法,重视从绩效评估的内容分类构建指标,并强调所构建指标的适用性和可操作性。

7.3.1 构建原则

图书馆服务"双创"的绩效评估内容较多,涉及面广,所以在构建指标时要遵循一定的原则,以保证指标的科学合理性。

(1)科学可行性原则

创新创业活动是科学的实践创新活动,图书馆服务创新创业也需合理规划、科学服务,所以,在绩效评估指标设置时应遵循科学性原则,加之,评估指标的设置最终要应用到实际的评估过程中,所以除了遵循科学性原则外,还要遵循可行性原则。坚持科学可行性原则是指各个指标的制定要符合客观实际,内容简洁,即各个指标的内涵和外延表达要简练具体,而不应含糊不清。同时,各个指标之间的逻辑关系需清晰明了,指标设置尽量简化,突出重点,不能太烦琐,还要便于网络化操作评估。再者,指标构建时采集的数据及采集数据的方法和途径也需客观准确,具备科学性和可行性。

(2)全面适用性原则

创新创业活动是具有全民性特征的活动,图书馆面向全民性创新创业活动提供服务时不能仅局限于某一个具体创新创业活动,而应从社会整体发展或全局出发进行服务。毕竟,创新创业活动是推动社会经济发展的重要源泉,所以,在指标设置时要坚持全面性原则。再者,创新创业活动涉及的领域比较广,图书馆提供服务时涉及的内容也会较多,所以,评估指标设置时不仅要全面,还要有广泛的适用性。坚持全面适用性原则是指指标设置时在简单明了的前提下尽量全面无遗漏,设置的指标贴近创新创业活动的自身特点,适用性强,避免指标高而不落地,无法实现真实有效的评价。

(3)客观公正性原则

我国的创新创业实践活动虽有几年的蓬勃发展历史,但对图书馆来说,服务创新创业活动还处在初步探索期,所以,在服务"双创"的过程中,有些服务还会存在诸如服务项目不全面、内容不深入、用户不满意等问题,所以,在设置评估指标时要考虑客观实际情况,不设置一些关联度不大的指标内容,不设置一些脱离客观实际的指标,坚持客观性原则。再者,图书馆面向的创新创业群体多样,服务项目众多,在评估指标设置时还要兼顾公正性原则。坚持客观公正性原则是指在指标设置时考虑创新创业服务的背景环境及未来发展,考虑创新创业服务的不同对象及需求内容。

(4)动态开放性原则

创新创业不是一蹴而就的事情,图书馆服务创新创业也不是一次就能完成的,所以评估指标的设置需遵循动态性原则。再者,图书馆创新创业的服务绩效评估是多方参与的过程,所以指标设置也应遵循开放性原则。坚持动态开放性原则是指要将前面研究中涉及的影响图书馆服务"双创"能力的因素考虑进去,且要以发展的眼光认真地考察未来的变化,只有这样,制定的指标才能与时俱进地与此相适应,具有可行性和科学性。还要根据实际情况适时调整或改变指标,或定期进行跟踪评估,保持指标的动态性和开放性,保证指标的科学性和合理性。

(5)绩效优先性原则

如前所述,进行图书馆服务"双创"绩效评估的目的,一是对图书馆"双创"服务的能力进行评估,二是对图书馆"双创"服务的结果(效果)进行评估。服务结果(效果)主要表现在"绩"方面,如绩效管理的内容即管理绩效、经济绩效、技术绩效、社会绩效和可持续发展绩效。对服务能力评估的最终目的也是为了提高服务效果,即提高各种绩效,所以,图书馆服务"双创"的绩效评估指标设置时要遵循绩效优先性原则。绩效优先性原则是指在指标设置时从绩效评估的内容方面进行指标的优化设计,并且考虑综合性和可持续性的效益内容。

7.3.2 指标构建

图书馆服务"双创"的实践活动虽发展蓬勃,但目前的研究成果中和实践操作中还未见有具体的评价指标研究及评估实践应用,所以,图书馆服务"双创"的绩效评估在参考图书馆其他服务项目的评价指标时,主要按"双创"服务的绩效评估内容,即管理绩效、经济绩效、技术绩效、社会绩效和可持续发展绩效五方面的要素进行分类构建评价指标,并参考图书馆"双创"服务的能力影响因素统筹优化选择。

(1)管理绩效评价指标

在创新创业服务过程中,是否进行有效监管和督促将会直接影响服务的输出质量,也会影响服务效果,所以要进行管理绩效的评价。管理绩效的评价指标可以从管理绩效的要素及内容等方面提取。首先是服务组织者的能力,包括管理者的诸多能力、执行者的诸多能力、参与者的诸多能力。其次是服务开展的过程评价,包括服务过程的管理、成本管理等。最后是综合管理因素,主要是指服务制度、规划、监管等内容。故根据管理绩效的要素确定图书馆服务"双创"的管理绩效评二级指标 3 个,三级指标 20 个,具体如表 7-1 所示。

表 7-1　图书馆服务"双创"的管理绩效评价指标

序号	二级指标	三级指标
1		管理者的服务计划性
2		管理者的组织领导能力
3		管理者对服务项目的控制能力
4		服务执行者的解决问题能力
5	组织者的管理能力	服务执行者的协调沟通能力
6		服务执行者的理解执行力
7		创新创业主体参与服务的意愿
8		创新创业主体与服务执行者之间的关系
9		创新创业主体满意项目与服务项目的比例
10		服务人员所占单位人员的比例

续表 7-1

序号	二级指标	三级指标
11	服务过程管理	服务过程中图书馆与创新创业主体互动的次数
12		某个项目的服务经费投入占图书馆服务经费的比例
13		某个项目的服务时间
14		某个项目的服务改进时效及次数
15		某个项目服务流程的科学性
16		某个服务项目受监管的时间长度
17		创新创业主体对服务的满意度
18	其他综合管理	服务方案的可操作性
19		服务制度的规范性
20		服务项目的档案存档比例

（2）经济绩效评价指标

图书馆的"双创"服务活动无法追求经济效益的最大化，更不能以经济效益的最大化为目标，但在服务过程中也要注重低投入、高收益的策略，服务活动重在强调"绩"，即投入什么样的资源、人力和技术成本，产出什么样的知识服务产品。图书馆服务"双创"的经济绩效评价主要是服务项目的财务评价，即直接经济效益评价，以及服务活动对国民经济推动的评价，即间接经济效益的评价。根据经济绩效的要素确定图书馆服务"双创"的经济绩效评价二级指标 2 个，三级指标 11 个，具体如表 7-2 所示。

表 7-2　图书馆服务"双创"的经济绩效评价指标

序号	二级指标	三级指标
1	财务评价	专项服务资源购买经费与文献总购置经费之比
2		服务产品加工费用与总服务费用之比
3		创新创业平台建设与维护费用与图书馆总经费之比
4		创客空间建设费用与图书馆总经费之比
5		双创服务人员培训费用占职工培训费用之比
6		某一时间段内服务项目费用总和与服务项目数量之比
7		创新创业平台常用用户与注册用户之比

续表 7-2

序号	二级指标	三级指标
8	对国民经济推动的评价	服务的创新创业成果效益占某地区的 GDP 比例
9		服务的创新创业就业人数占某地区的就业人数比例
10		服务的创新创业项目与某地区的创新创业项目总数之比
11		服务的创新创业项目对地区经济发展的促进影响

（3）技术绩效评价指标

信息技术环境下,图书馆服务"双创"的活动离不开技术的支持,且技术应用的水平和适用性也会影响"双创"服务产品的质量,影响创新创业主体的参与度和满意度。图书馆服务"双创"的技术绩效评价内容主要从技术的先进性,即先进技术设备在创新创业服务过程中的应用如何;技术的适用性,即服务过程中服务人员能否熟练应用技术进行服务,创新创业主体是否能接受服务过程中新技术的应用等;技术效益,即利用技术后资源、人力的节约程度;等等。基于此,图书馆服务"双创"的技术绩效评价的指标确定二级指标 3 个,三级指标 12 个,具体如表 7-3 所示。

表 7-3　图书馆服务"双创"的技术绩效评价指标

序号	二级指标	三级指标
1	技术先进性	创客空间技术设备的先进性
2		创新创业平台构建的技术应用先进性
3		创新创业平台功能的完善性
4		创新创业平台使用的开放性
5		创新创业服务过程中先进技术的应用
6	技术适用性	创新创业服务人员对新技术的适应性
7		创新创业主体对新技术的接受能力及适用性
8		创新创业服务过程中参与主体的技术应用娴熟程度
9		创新创业服务项目技术支持所占服务项目总比
10	技术效益性	使用新技术后资源（人、财、物）的节约费用
11		使用新技术后产生的服务效率提高的百分数
12		使用新技术后创新创业服务项目增加的百分比

（4）社会绩效评价指标

图书馆服务"双创"的社会目的跟创新创业的社会目标是一致的,其社会绩效主要表现在对社会创新创业进程的推进和对社会经济的影响。可以从三方面进行评价:一是服务的创新创业项目取得的社会成果效益,包括科研项目立项、专利申请成功、专利成果转化、创业项目实施等。二是创新创业主体的满意度,包括个性化服务是否满意、对服务馆员服务态度是否满意、服务效率是否满意等。三是社会人文效果,包括图书馆社会影响力和知名度的提高、图书馆竞争力的提升、吸引更多用户利用图书馆的"双创"服务等。在此基础上,确定图书馆服务"双创"的社会绩效评价二级指标 3 个,三级指标 15 个,具体如表 7-4 所示。

表 7-4　图书馆服务"双创"的社会绩效评价指标

序号	二级指标	三级指标
1	服务的创新创业项目社会成果效益	服务后科研创新立项增量
2		服务后专利申请成功增量
3		服务后专利成果转化成功增量
4		服务后创新创业项目落地实施增量
5		服务后创新创业自身的经济增量
6	创新创业主体的满意度	对个性化服务的满意度
7		对特色化服务的满意度
8		对服务馆员态度及能力的满意度
9		对服务效率的满意度
10		服务产品对决策影响的满意度
11	社会人文效果	图书馆社会影响力的提升
12		图书馆与其他信息服务机构竞争力的提升
13		图书馆创新创业用户的增量
14		图书馆创新创业服务项目的增量
15		社会大众对图书馆的满意度

（5）可持续发展绩效评价指标

图书馆服务"双创"的可持续发展涉及经济、文化、技术及环境等多个方面，主要包括经济的可持续发展、社会的可持续发展、生态环境的可持续发展等。首先，"双创"服务活动需持续投入，其目标完成情况、服务创新情况、服务运行及完善机制等都是图书馆"双创"服务自身的可持续绩效评价内容。其次，"双创"服务不仅需持续投入，还会受环境和资源的影响，所以环境及资源的可持续绩效也是可持续发展绩效的重要评价内容。最后，"双创"服务会对国家和地区产生影响，会提升大众的创新创造能力，所以，社会发展的可持续绩效也是其绩效评价的内容之一。基于此，确定图书馆服务"双创"的可持续发展绩效评价二级指标 3 个，三级指标 12 个，具体如表 7-5所示。

表 7-5　图书馆服务"双创"的可持续发展绩效评价指标

序号	二级指标	三级指标
1	服务自身的可持续绩效	服务目标任务完成比例
2		服务项目创新增比
3		服务运行及机制完善情况
4		创新创业主体参与服务的便利性
5		创新创业主体对服务满意度的增量
6		创新创业主体再次参与服务的意愿
7	环境及资源可持续绩效	创新创业资源的建设增加量
8		促进创新创业服务发展的政策增量
9		某地区创新创业服务空间的增量
10	社会发展可持续绩效	某地区创新创业文化氛围的提升
11		某地区创新创业人员的增量
12		某一时期内创新创业成功率的增比

按照上述的指标构建原则，结合图书馆服务"双创"的绩效评价内容，构建了由 5 个一级指标、14 个二级指标、70 个三级指标组成的图书馆服务"双创"的指标体系内容。70 个三级指标中有定性评价指标，也有定量评价指

标,三级指标中虽有交叉但不重复,体现了指标体系的科学性。70 个三级指标涵盖了管理、技术、经济、社会、可持续发展中的单个创新创业服务项目和某个单位的创新创业服务内容,同时兼顾了创新创业服务的特点,体现了指标体系的系统性。

7.3.3 指标权重确定

指标构建只完成了指标体系建设的第一步,还需对指标权重进行明确,以体现指标的重要性及分指标之间的内在逻辑关系,同时,也便于评价的实践操作量化打分。

(1)指标权重确定的思路与方法

考虑到图书馆服务"双创"的绩效评估由于缺少历史数据及信息资料,采用德尔菲法进行权重确定比较合适。德尔菲法又称专家意见法,在构建图书馆评价指标体系运用中有一定的应用经验,并取得了较好的效果。所以,本研究根据上面初步拟定的评价指标,采用德尔菲法,邀请图书馆业界专家和接受过图书馆创新创业服务的主体两类人群,共 12 名人员参加了评议。结合图书馆服务"双创"的特点,对评议结果进行整合处理,最终确定评价指标体系。

向专家咨询的内容包括两个阶段:第一个阶段主要请专家对拟定的整个指标内容提出意见或建议,如哪些内容需修改、哪些内容需补充、哪些指标需合并或删除。第二个阶段主要是指在整合专家意见的基础上对指标进行最终确定,并请专家评议各级指标的重要性,按重要性排序:1—5 分进行打分;同一层次的指标排序统计数据放入同一个表中,通过权重分析公式 $Yx = 2[S(1+T) - Nx] / TS(1+T))$ 得到 Y 指标的权重系数,Y 表示同一级别某指标,S 表示参与评议的专家人数,T 表示同一级别的指标数量,Nx 指专家对同一指标的排序序列之和。依据此公式,算出一级指标的权重系数即 Yx,依次类推,再算出二级、三级指标的权重系数,即 Yxx、$Yxxx$。在每一级别中,指标数量多数不超过 5 项,所以运用该方法计算的权重结果是比较可靠的。

(2)指标权重系数的计算

根据上述权重分析公式及专家评价结果,采用德尔菲法对咨询问卷数据进行统计分析,得到参评人员对一级指标的意见,如表7-6所示。

表7-6　一级指标专家意见数据统计

一级指标	专家												Nx
	(1)	(2)	(3)	(4)	(5)	(6)	(7)	(8)	(9)	(10)	(11)	(12)	
管理绩效	3	1	3	1	1	2	3	1	1	2	1	3	22
经济绩效	5	5	4	5	5	4	5	5	3	5	4	5	55
技术绩效	4	3	5	4	4	5	4	4	5	4	5	4	51
社会绩效	2	4	2	3	3	3	1	3	4	3	2	1	31
可持续发展绩效	1	2	1	2	2	1	2	2	2	1	3	2	21

将表7-6中的Nx值代入权重计算公式中,即可计算一级指标的权重系数Yx。根据该方法,对12位专家的二级、三级指标的排序意见进行数据统计,并计算出二级、三级指标的权重系数Yxx、$Yxxx$。同时,根据专家的意见,调整三级指标中个别指标的名称,评价指标数量由原来的70个调整为现在的67个,如表7-7所示。

表7-7　图书馆服务"双创"的三级绩效评估指标及权重系数

一级指标 （Yx）	二级指标 （Yxx）	三级指标 （Yxxx）
管理绩效 Y1 （0.278）	组织者的管理能力 Y11（0.436）	管理者的服务计划性(0.098)
		管理者的组织领导能力(0.099)
		管理者对服务项目的控制能力(0.108)
		服务执行者的解决问题能力(0.135)
		服务执行者的协调沟通能力(0.132)
		服务执行者的理解执行力(0.114)
		创新创业主体参与服务的意愿(0.135)
		创新创业主体与服务执行者之间的关系(0.112)
		创新创业主体满意项目与服务项目的比例(0.067)

续表7-7

一级指标 （Yx）	二级指标 （Yxx）	三级指标 （Yxxx）
管理绩 效 Y1 （0.278）	服务过程 管理 Y12 （0.442）	服务过程中图书馆与创新创业主体互动的次数（0.102）
		某个项目的服务经费投入占图书馆服务经费的比例 （0.156）
		某个项目的服务时间（0.134）
		某个项目的服务改进时效及次数（0.222）
		某个项目服务流程的科学性（0.189）
		某个服务项目受监管的时间长度（0.197）
	其他综合 管理 Y13 （0.122）	服务方案的可操作性（0.331）
		服务制度的规范性（0.343）
		服务项目的档案存档比例（0.326）
经济绩 效 Y2 （0.094）	财务评价 Y21（0.536）	专项服务资源购买经费与文献总购置经费之比（0.186）
		服务产品加工费用与总服务费用之比（0.175）
		创新创业平台建设与维护费用与图书馆总经费之比 （0.185）
		创客空间建设费用与图书馆总经费之比（0.143）
		双创服务人员培训费用占职工培训费用之比（0.122）
		某一时间段内服务项目费用总和与服务项目数量之比 （0.189）
	对国民经 济推动的 评价 Y22 （0.464）	服务的创新创业成果效益占某地区的 GDP 比例（0.221）
		服务的创新创业就业人数占某地区的就业人数比例 （0.251）
		服务的创新创业项目与某地区的创新创业项目总数之比 （0.266）
		服务的创新创业项目对地区经济发展的促进影响（0.262）

续表7-7

一级指标 （Yx）	二级指标 （Yxx）	三级指标 （Yxxx）
技术绩效 Y3(0.117)	技术先进 性 Y31 (0.435)	创客空间技术设备的先进性(0.181)
		创新创业平台构建的技术应用先进性(0.201)
		创新创业平台功能的完善性 (0.201)
		创新创业平台使用的开放性 (0.204)
		新创业服务过程中先进技术的应用 (0.213)
	技术适用 性 Y32 (0.331)	创新创业服务人员对新技术的适应性(0.287)
		创新创业主体对新技术的接受能力及适用性(0.268)
		创新创业服务过程中参与主体的技术应用娴熟程度 (0.257)
		创新创业服务项目技术支持所占服务项目总比(0.188)
	技术效益 性 Y33 (0.234)	使用新技术后资源(人、财、物)的节约费用(0.321)
		使用新技术后产生的服务效率提高的百分数(0.356)
		使用新技术后创新创业服务项目增加的百分比(0.323)
社会绩效 Y4 (0.228)	服务的创 新创业项 目社会成 果效益 Y41 (0.398)	服务后科研创新立项增量(0.212)
		服务后专利申请成功增量 (0.198)
		服务后专利成果转化成功增量(0.221)
		服务后创新创业项目落地实施增量(0.201)
		服务后创新创业自身的经济增量(0.168)
	创新创业 主体的满 意度 Y42 (0.377)	对个性化服务的满意度(0.198)
		对特色化服务的满意度(0.176)
		对服务馆员态度及能力的满意度(0.213)
		对服务效率的满意度(0.211)
		服务产品对决策影响的满意度(0.202)
	社会人文 效果 Y43 (0.225)	图书馆社会影响力的提升(0.125)
		图书馆与其他信息服务机构竞争力的提升(0.115)
		图书馆创新创业用户的增量(0.255)
		图书馆创新创业服务项目的增量(0.290)
		社会大众对图书馆的满意度(0.215)

续表 7-7

一级指标 （Yx）	二级指标 （Yxx）	三级指标 （Yxxx）
可持续 发展绩效 Y5 (0.283)	服务自身 的可持续 绩效 Y51 (0.542)	服务目标任务完成比例(0.101)
		服务项目创新增比(0.154)
		服务运行及机制完善情况(0.156)
		创新创业主体参与服务的便利性(0.189)
		创新创业主体对服务满意度的增量(0.202)
		创新创业主体再次参与服务的意愿(0.198)
	环境及资源 可持续绩效 Y52(0.216)	创新创业资源的建设增加量(0.291)
		促进创新创业服务发展的政策增量(0.345)
		某地区创新创业服务空间的增量(0.364)
	社会发展可 持续绩效 Y53(0.242)	某地区创新创业文化氛围的提升(0.344)
		某地区创新创业人员的增量(0.315)
		某一时期内创新创业成功率的增比(0.341)

从指标体系的拟定到专家咨询后的确定，再到各个指标体系权重的计算，本研究提出的指标体系符合现有图书馆服务"双创"的特点，突出了创新创业主体的需求特征，具有较好的操作性、实用性和服务导向性。当然，也存在不足及有待完善的地方，例如有些评价表征不够精确，有些评价指标对个别图书馆来说难以量化，等等，还需在实践应用中得以完善。

7.4　图书馆服务"双创"的绩效评估方法

确立绩效评估的内容及评价指标只是完成了绩效评估的部分工作，还有关键的一步，即评估方法的建立，以便对评估对象进行科学的计算和分析，分析投入与产出的关系，而后根据评价结果进行服务调整或组织变革。图书馆服务"双创"实践活动还处于摸索探究期，目前虽没有可供参考的评估指标和成熟的评估方法，但"双创"服务属于图书馆服务的一种，可参考和借鉴图书馆的其他服务绩效评估方法，并结合"双创"服务的特点，总结归纳出适合"双创"服务的绩效评估方法。

7.4.1 图书馆服务绩效评估方法概述

国际图书馆评估实践中兼顾定性分析和定量测评,采用多种评估方法,形成综合化趋势。国内图书馆绩效评估的方法同样也是兼顾定性和定量,从不同视角评估图书馆的各项内容,在评估方法上不断探究各种方法的科学性和合理性。如闫现洋,余小萍[1]提出了投入与产出系统的高校图书馆学科馆员的 DEA 绩效评价方法;李易宁[2]将管理学的 360 度反馈评价法应用在图书馆学科馆员的绩效考核中;岳修志[3]提出了影子价格法、费用效益分析法、多指标综合评价法应用在图书馆的阅读推广绩效评价中;郭向勇[4]在《高职高专院校图书馆绩效评价方法研究》一书中,提出了综合绩效评估法、CIPP 评估法、第三方评估法、基于云计算的绩效评估法、基于知识管理的绩效评估法等九种图书馆绩效评估方法,并对各种评价方法的优缺点进行了分析。

综上,多种绩效评价方法应用在图书馆的信息服务、学科馆员服务、阅读推广服务中,各种绩效评价方法均有优缺点,也有各自不同的适用评价对象和范围。十几年来,图书馆学界借鉴管理学、经济学的多种评价方法,针对图书馆的绩效评价内容,不断对传统的绩效评价方法进行改进,并综合利用多种评价方法对图书馆的绩效进行评价,不断追求评价方法的客观性和准确性。

7.4.2 图书馆服务"双创"的绩效评估方法

指标体系建好后就要开始利用一定的评估方法对服务对象进行科学合

---

① 闫现洋,余小萍.基于 DEA 方法的高校图书馆学科馆员服务绩效评价研究:基于西南大学图书馆学科馆员的实证分析[J].情报理论与实践,2011(2):88-92.

② 李易宁.360 度反馈评价法在学科馆员绩效考核设计中的应用[J].情报杂志,2008(12):34-36.

③ 岳修志.基于公共项目视角的阅读推广活动绩效评价体系框架研究[J].大学图书馆学报,2018,36(6):69-75,12.

④ 郭向勇.高职高专院校图书馆绩效评价方法研究[M].北京:电子工业出版社,2017.

理的实施评价,客观地考评图书馆服务"双创"的管理绩效、经济绩效、技术绩效、社会绩效和可持续发展绩效,以便作为服务主体的图书馆根据评估反馈结果调整服务方案及策略,力争达到投入与产出比的最大化。在以往的图书馆服务绩效评价中,虽然研究综合性评价的方法较多,但实际操作难度较大,有些计算比较复杂。在具体的评价实施中,采用德尔菲法和层次分析法的较多,这两种方法相对容易实现,数据计算量不大,可应用数据分析软件进行处理。在本课题研究中,也同样采用了德尔菲法对评价指标的权重进行了计算,仅是理论层面的核算。在具体的实际操作中,还是要结合创新创业服务的特点和绩效考核的目标,采用便于操作和计算,能得到客观公正结果的评价方法。考虑到图书馆服务"双创"的五个评价维度,以及参与主体的特殊性,可采用多主体评估法、360度反馈评估法、ROI评估方法实施评价,以提高评价的操作性和现实意义。

(1)多主体评估法

多主体评估法顾名思义就是多个主体参与评价,即图书馆作为服务的实施者从图书馆角度进行评价,创新创业主体作为服务的接收者从用户角度进行评价,第三方评价主体作为弥补内部评价的不足主动或受委托从旁观者角度进行评价。多主体评估法在图书馆阅读推广服务评价中有所应用,如戚敏仪对广州少年儿童图书馆进行基于图书馆及基于未成年人阅读障碍群体(及其家长)的未成年人阅读障碍服务评价,采用多主体评估方法突显未成年人阅读障碍群体需求特征,较具可操作性和科学性。

图书馆服务"双创"的绩效评估采用多主体评估法:一是让图书馆从自身角度进行认真仔细的自我评价,根据指标体系确定"双创"服务岗位及服务人员的岗位要求和服务职责,自我摸底式的对图书馆的"双创"服务进行自查自纠,促进自我管理。二是让创新创业主体从用户角度客观地进行评议打分,以满意度为重要衡量内容,有创新创业主体参与的评价结果不仅显得客观公正,还能使社会大众关注和认可图书馆的"双创"服务工作,吸引更多的用户参与进来,促进图书馆"双创"服务用户的黏合。三是让第三方从服务监督的角度对图书馆的"双创"服务职能进行客观地评价,有效规避图书馆自身评价的局限和不足,使评价结果更为客观、准确。

多主体评价方法可强化团队服务意识,提高服务馆员和创新创业主体的参与意识,多方位的收集评价信息,尤其是第三方评价主体的参与,可提高评价结果的公正性和全面性。缺点是服务馆员自己考核自己,可能会出现利益关联,或过于注重结果而忽视了服务过程。所以,在具体的实施过程中,还需加强管理者的监督作用,多使用定量指标进行考核评估。

(2)360度反馈评估法

360度反馈评估法早已应用在图书馆的学科馆员绩效评价、助理学生绩效评价,以及资源建设绩效评价等方面。360度反馈评估法顾名思义从不同角度、多个方面根据事先设好的指标权重进行全方位的评价,而后将得出的客观评价结果反馈给被评价者,又称交叉考核法,在企业的人力资源管理考核中应用较多。360度反馈评估法的全方位性提高了评价的可信性、公平性和可接受性。图书馆服务"双创"的绩效评估采用360度反馈评估法主要是指评价主体根据图书馆服务"双创"的指标权重进行全面客观评价,并将结果反馈给图书馆,图书馆根据反馈结果总结经验和不足,进而制定出相应的改进措施,在完善评价体系的同时提升服务能力。

360度反馈评估法一般采用问卷形式邀请不同的评估主体进行评价,且评估主体之间也有权重差异,比如,服务馆员与创新创业主体在评估时权重分配就不一样,创新创业主体占比要大些,这符合图书馆服务"双创"的特点,契合以"用户"为主的服务理念。360度反馈评估法跟上述的多主体评价法的相同之处在于评估主体的多元化,评估结果会较客观准确,不同之处在于360度反馈评估法更重于"反馈",通过评估结果的各方面反馈,使得服务主体即图书馆可以更好地了解到"双创"服务的各方评价,也使得创新创业主体根据评估结果提出自己的意见和想法,这些真实的评价和意见反馈比简单的数据统计更直观,有利于图书馆及时针对性地调整服务策略。

360度反馈评估法的优点在于可多视角进行评价,信息收集齐全,提高了评估的全面性,最显著的优点在于评价结果的反馈,通过多种形式的反馈及时找到服务中的问题所在,提出改进措施和计划。缺点在于一般用问卷形式进行,参与人员多,评估的数据处理工作量会比较大。所以,在图书馆服务"双创"的绩效评估中,运用360度反馈评估法需注意问卷的设计要简单明了,便于后期数据处理。

（3）ROI评估方法

投资回报（Return on Invesment,ROI）评估方法成为近年来人们较为推崇的选择,在国外图书馆应用较多,是一种可以补充和完善图书馆服务绩效评价的方法[①]。ROI的计算公式为:ROI = 年利润或年均利润/投资总额×100%,具体在图书馆中的ROI计算方法为用图书馆产出的价值总额除以政府投入图书馆的经费总额。再具体到图书馆"双创"服务中,投入经费总额包括创新创业资源的购置经费、创新创业平台的建设和维护经费、技术投入经费、服务人工费用等,产出的价值总额为服务收入、创新成果的社会效益及经济效益等,由于图书馆是公益性组织,"双创"服务的收入很少,可采用营利机构提供同等或类似服务的收费标准作为计量的参考标准来计算"收益"。

ROI评估方法可以从一个客观的角度计量和分析图书馆"双创"服务的真正绩效产出,这种纯经济价值的评价视角在图书馆传统的评价中是缺少的,可以作为上述两种评估手段的补充和完善。虽然多数图书馆经济指标难以准确计算,但采用参考周边同等服务收费标准作为计量标准的价值计算方法,还是比较适合图书馆的,这是一种比较简单而相对准确的方法。其缺点是不能多方面考虑变量,不能客观地比较出不同服务项目之间服务效果的优劣。

7.5 图书馆服务"双创"的绩效评估实施

有效地进行绩效评估不仅是图书馆服务"双创"的实践要求,也是检验绩效评估体系是否具有实际意义的重要途径。绩效评估伊始,不仅要明确绩效评估的导向及目标,还要明确参与评估的主体类型和评估标准,并要建立完善的评估机制,以保障单次评估的顺利实施及今后的常态化实施。在评估实施过程中,必会受到多方因素的影响,分析图书馆服务"双创"绩效评

---

① 余爱嫦.基于投资回报的公共图书馆绩效评估与实证分析[J].图书与情报,2014（4）:43-48.

估的影响因素,并重视影响因素对评估过程及评估结果可能造成的影响。最后,从不同角度对评估结果进行应用,以促进图书馆服务"双创"的能力提升和创新创业主体满意度的提升。

7.5.1　明确评估导向及目标

（1）评估导向

评估导向对图书馆服务"双创"以及图书馆的其他服务工作都具有重要的影响。从理论层面讲,绩效评估能对图书馆的"双创"服务提供全面的综合评价,将成为图书馆"双创"服务评估的发展方向。从实践层面看,评估的实施能促进图书馆"双创"服务设施的完善、服务经费的增加、服务项目的增多、服务人员的能力提升等。所以,图书馆服务"双创"的绩效评估导向可分为过程导向和结果导向两个部分。过程导向的绩效评估注重的是服务过程中服务馆员的服务态度和服务能力,集中在服务过程中与创新创业主体之间的交互情况、工作态度、努力程度等,是一个比较感性的评价,多是些定性评价指标,也是一种判断型的绩效评估。结果导向的绩效评估注重的是最后的服务效果或成果,评估内容集中在服务"双创"的实际产出和贡献,如创新创业成功的案例个数、专利申请转化成功个数、项目孵化个数等,是一个比较理性的评价,多是些定量评价指标,也是一种发展型的绩效评估。图书馆服务"双创"的实现是在一定的组织条件下,通过服务人员和创新创业主体共同完成实现的,所以在绩效评估时不仅要重视过程导向的评价,还要重视结果导向的评价,将二者很好地结合起来,才能实现绩效评估的整体目标。

（2）评估目标

前面章节已撰述过图书馆服务"双创"的绩效评估目标主要有两方面:一是对图书馆"双创"的服务能力进行评估,通过以评促改提升服务能力;二是对图书馆"双创"的服务结果进行评估,通过以评促建提升服务影响力。前一个目标可通过判断型的过程导向绩效评估实现,及时修正服务过程中的偏差,控制服务投入成本,监管服务人员的服务行为,以服务能力提升为目的。后一个目标可通过发展型的结果导向绩效评估,以评测结果为比较对象,通过服务结果的比较和评价,客观评价服务成效,并从未来可持续发展角度建设服务组织,达到提升服务影响力的目标。在评估实施伊始,图书馆管理者及服务馆员都要明确图书馆服务"双创"绩效评估的意义和目标,明确后才能做到方向不偏离,意义不误解。在目标解读的过程中,尽量具体化,利用目标对工作的指导作用,激发服务馆员工作的主动性和服务热情。

7.5.2 确立评估主体及标准

(1)评估主体

评估主体是绩效评估实施的实际参与者,评估主体的结构、能力等会直接影响评估结果的客观公正性。图书馆服务"双创"的绩效评估主体可以是内部主体,也可以是外部主体。内部主体主要是指由图书馆管理者、服务人员、创新创业主体构成的主体结构。内部主体对"双创"服务工作比较熟悉,容易得到支持,比如说数据的采集、评估的执行会比较方便,也能节省成本,但内部主体评估也有一定的局限性,如内部评估主体之间都是利益相关者,难免会因为主观原因影响评估结果的公平性,加之,绩效评估需要较强的专业知识和综合素养,内部主体中会存在评估意识薄弱、评估能力不强的现象,影响评估功能的发挥和评估结果的有效性。针对图书馆"双创"服务绩效评估来说,虽然也会存在上述内部评估主体的局限性,但由于"双创"服务人员和创新创业主体都是服务过程中的实际参与者,对服务过程比较了解和熟悉,对评估指标容易把握和操作,所以由其来进行评估具有较强的实际意义,只不过,需在评估之前对其进行评估知识的专业培训,比如评估标准的解读、评估流程的说明、评估目标的阐释等,以便内部主体对绩效评估有整体掌握,进而科学地开展绩效评估,完成评估目标。

外部评估主体主要是指委托专业评估机构的人员或聘请专家组进行绩效评估。外部主体评估的优势表现在:一是其独立于图书馆服务"双创"的过程之外,无利益关联,能保证评估的公平性和客观性;二是外部评估主体相对内部评估主体来说,比较专业,使绩效评估更加科学。但也存在一些局限,如代表性不强,不能完全代表或理解服务过程中各方参与者的主体意愿,或因对"双创"服务的业务特点不熟悉造成有些评估指标无法有效核算。

但总体来说,针对处在探索发展期的图书馆"双创"服务绩效评估,还是应丰富评估主体的多样性,以便多方面收集评估信息,多角度了解"双创"服务的状况。所以,应引进外部评估主体的参与,让外部评估主体从专业的角度给绩效评估提出专业的意见或建议,以促进图书馆服务"双创"绩效评估的科学实施和持续发展。

无论是内部评估主体,还是外部评估主体,其能力和素养都会影响绩效评估结果,所以对图书馆来说,要通过政策的支持对内部评估主体进行培训,提高其评估技能,或通过实践给予参与评估锻炼的机会,使其在实践中积累经验。对外部主体来说,委托专业知识强、能力高的评估团队,同时注重内外部主体之间的资源共享。

(2)评估标准

绩效评估指标强调的是从哪些方面进行评价,而绩效评估标准则是指各项指标分别应达到什么样的水平,或者说评估指标是解决评估什么的问题,而评估标准解决的是要达到或完成多少的程度问题。图书馆绩效评估标准在一定程度上反映着图书馆服务的总体发展变化,所以应制定相应的标准。无论是国外图书馆的绩效评估,还是国内图书馆的绩效评估,均有一定的评价体系或标准来开展适合图书馆行业性质的质量评估,不断提高图书馆评估手段和工具的标准化、规范化。图书馆"双创"服务绩效评估目前国内外还未见有成熟的评价体系,更谈不上评价标准。但可参考《国家图书馆绩效评估体系》来规范"双创"服务的绩效评估体系,制定相应的评估标准。

绩效评估标准通常是指评估者通过测量或通过与被评估者约定所得到的衡量各项评估指标得分的基准。可见,绩效评估标准是需要经过协商制定的,而不能是空中楼阁难以触摸的,是可以达到的标准,否则,就失去了绩效评估的意义。并且,绩效评估标准尽可能要具体,可以衡量,也就是说最好能用数据表示,属于现象或态度的部分,尽量少些,否则无法客观衡量比较。再者,绩效评估标准应是可以改变的,比如因评估方法的变化、指标内容的增减等,绩效评估标准应随之发生变化,保持协调性。在没有统一的评估标准情境下,各个图书馆可根据自身服务"双创"的情况制定绩效评估标准,在制定时要理论与实践相结合,不仅要考虑过程,还要考虑结果,同时还要考虑环境因素,使评估标准明确具体、客观公正、可行可用。

7.5.3 建立评估运行机制

评估运行要在一定的机制下开展以确保评估的有效运行。系统学认为机制是指系统在运转过程中各要素之间相互联系、相互制约的联结关系及运转模式。评估运行机制是指采用有效的手段、组织、管理和实施评估工作,保证绩效评估的有效开展和有序运行。针对图书馆服务"双创"的特点及开展情况,绩效评估运行需在以下机制的保障下进行。

(1)评估程序机制

绩效评估要尊重程序的科学性,这里的程序并不是简单的先后顺序问题,而是评估运行的重要部分,一般包括准备、评定、调整、确认四个阶段。准备阶段要解决为什么要进行绩效评估、对什么内容进行评估、什么时间通过何种方式进行评估、何时得到评估结果等问题。在准备阶段还要选定评估主体,以便做好培训准备。评定阶段是指由评估主体依据评估指标,按照一定的评估方法对评估内容进行逐个评定。在这个过程中需全面收集信息,并分析信息,还要做好各方的沟通协调,保证信息畅通无误,便于评估主体按评估标准初步做出评估结论。调整阶段是指评估主体根据初步评估结果再次根据评估指标内容核对收集到的信息或数据,或结合实际情况进行微调或局部调整,以保证评估结果的客观性和科学性。确认阶段是指评估主体将最终评估结果反馈给图书馆予以确认,确认无误后图书馆可进一步对评估结果加以运用。

(2)评估监督机制

在评估过程中实施监督机制是为了及时纠偏,保证评估结果的公正性和透明性。评估监督机制包括监督形式、监督内容、监督体系等。图书馆服务"双创"的绩效评估监督形式包括过程监督和结果监督。过程监督是一个全面全程的监督,还是一个动态持续性的监督,即对评估运行的各个阶段介入性进行全程监督,监测评估运行的情况,督察评估运行的结果。结果监督是一个评估完成后的后期应用监督,督察评估结果的运用,以及服务改进和修正情况。图书馆服务"双创"绩效评估监督的内容主要包括四看：一看评估指标体系是否具有可操作性；二看评估程序是否规范、科学；三看评估主体的行为是否受利益等因素的影响；四看评估结果是否正确的应用。监督体系主要包括：谁来监督，其地位和职责内容要明确；怎样监督，主要指要有正确的监督方法和程序；监督什么，明确监督主体的权限及范围。

（3）评估常态化机制

对"双创"服务来说，有些图书馆服务时间不长，若沿用图书馆以往的按几年一评的绩效评估时间的话，会影响"双创"服务反馈的时效性，加之，集中性的固定时间内评估不仅会造成评估工作量大，也会容易造成被评估对象临时凑数或应付的现象，还不利于及时发现图书馆"双创"服务过程中的问题。图书馆服务"双创"是本身就是个动态过程，有些项目服务时间长，有些项目服务时间短，且服务项目类型多样，集中起来进行评估对一些图书馆来说会有些难度，所以不妨设立常态化评估机制，或以服务项目为单位，某一项目服务完成后及时进行评估，或以某一部门为单位，对某一部门在一定时间内的"双创"服务情况进行评估。总之，常态化下实施绩效评估，即不定期总结回顾"双创"服务工作，通过评估发现"双创"服务中存在的问题，并能预测一些潜在的问题，形成动态的绩效评估模式。动态绩效评估能及时发现并弥补图书馆"双创"服务中的问题及不足，提高图书馆对社会环境及创新创业主体的反应速度，进而改进服务方案，提升图书馆的"双创"服务能力。

（4）评估反馈机制

评估结果的反馈是完成评估运作链条的重要环节。建立评估反馈机制是为了完整体现绩效评估的功能，增加评估的透明度，加强评估结果的运用。图书馆服务"双创"绩效评估的终极目标是要改进不足，持续发展，而评估结果的反馈就是要指向改进，引导"双创"的可持续发展。评估反馈的内容主要有以下几方面：一是将结果反馈给图书馆，评估图书馆"双创"服务的情况。二是诊断图书馆"双创"服务中的问题，提出意见或报告，助推图书馆服务"双创"的发展。三是将评估结果公开，接受同行评议或多方监督，拓展"双创"服务的改进渠道。四是对绩效评估指标体系进行修正和完善，为下阶段的评估做参考,推动评估的动态进行。在反馈的形式上,可以是公开反馈或内部反馈,也可以是书面反馈或口头反馈,根据具体情况灵活采取不同的反馈形式。

(5)评估信息化机制

从国家层面的创新发展战略要求来看,创新创业实践活动将会持续伴随我国经济的发展,所以,服务"双创"的实践活动也将逐渐成为图书馆的日常服务工作内容。为了提高评估结果的科学管理和准确统计,促进评估结果的共享和交流,可借鉴目前国内图书馆绩效评估的线上数据提交方式,即利用信息化平台进行数据提交或回溯数据库的建立,减少人工数据采集的烦琐和失误,建立评估信息化机制。在图书馆服务"双创"的绩效评估过程中建立评估信息化机制不仅是为绩效评估服务,还可帮助图书馆管理人员或服务人员随时从评估信息化平台及时掌握服务情况。另外,创新创业主体也可通过信息化管理平台了解某一机构的服务状况,便于其进行服务机构的对比选择。评估信息化机制不仅包括信息系统管理平台对绩效评估数据的采集和管理,还需包括具体的数据上传规范化要求、存储要求、系统自动打分设置等。总之,通过信息化设施使绩效评估操作更加便捷,更能促进服务机构常评估、常改善、常促进。

7.5.4　重视评估结果的运用

评估结果的运用既是评估的延续,又是评估的目的所在。如果只重视评估,而不重视结果的运用,那么评估就失去了以评促改、以评促建的意义,评估工作就难以继续。绩效评估工作是否能持续并取得实效,评估结果的运用是关键。图书馆服务"双创"的绩效评估结果的运用可考虑以下几个方面。

(1)内部通报提高管理水平

将绩效评估结果在图书馆内部公开公示,若评估结果符合预期,图书馆管理者可将评估结果作为向学校申请专项经费支持的支撑材料,也可将评估结果作为奖励服务馆员的凭证,或作为评优考核的依据激励服务馆员以更加饱满的热情提供专业的"双创"服务。若评估结果差强人意,图书馆管理者可以依据评估结果进行针对性服务问责,加大纠偏和管理力度,强调"双创"服务的重要性。"双创"服务人员可根据评估结果反思问题所在,探究服务改进措施和努力方向,同时,也促进服务馆员主动与创新创业主体加强沟通交流,以提高创新创业主体的满意度为目标进行服务改善。总之,图书馆管理者和"双创"服务人员都要客观公正地认识和分析绩效评估结果,并利用好评估结果,将评估结果作为助推服务的加速器,进而提高服务管理水平。

(2)外部公开加强监督

将绩效评估结果对外公开是需要勇气的,公开后带来的收获也会是意想不到的。一直以来,图书馆的服务工作都是行业内自我摸索,很少有同行或社会其他机构的监督和评议,评估结果也只是图书馆系统内部等级评定的依据,这不利于图书馆事业在社会发展中作用的发挥。随着图书馆服务转型的发展,以及社会公众对图书馆服务变革的需求转变,尤其公众对社会化特征明显的创新创业服务更是热盼,此时将图书馆服务"双创"的绩效评估结果对外公开,一是希望能引起更多社会公众的关注和参与,为图书馆"双创"服务和发展提出更好的建设性意见。二是希望能与同行服务机构进行比较,根据评估结果,在同行中寻差距、找经验。三是希望能引起多方的评议,倒逼图书馆"双创"服务的改善和精进。所以,适时公开"双创"服务绩效评估结果不仅是必要的,也是可行的,虽说家丑不外扬,但有些丑只有外扬后才有机会去丑存美,才有可能在多方监督和帮助下让服务更美丽。

7.6 图书馆服务"双创"绩效评估的影响因素及对策

在绩效评估活动中,从评估体系的构建到评估的具体实施,难免会受到来自内外部因素的影响。为了提高绩效评估结果的信度和效度,有必要分析图书馆服务"双创"绩效评估的影响因素,并探究相应的应对策略,尽可能避免绩效评估结果的偏差或误差,使绩效评估活动不仅能促进图书馆提升服务能力,也能促进创新创业主体更多地参与到服务中,达到绩效评估的目的。

7.6.1　图书馆服务"双创"绩效评估的影响因素分析

图书馆服务"双创"绩效评估的影响因素不仅有来自评估主体主观的因素,也有来自绩效评估体系自身的客观因素,以及图书馆组织因素、社会环境因素等。

(1)评估主体因素

评估主体作为评估活动的具体实施者,对评估结果起着决定性的影响。在绩效评估过程中,评估主体主要受自身所拥有的专业评估知识的支撑而实施评估,所以,其专业评估知识水准会对绩效评估结果起决定性的作用。此外,还会受到其自身的职业素养、社会经验、社会关系等因素的影响,也会受到一些诸如个性、心态、情绪、观念等因素的影响,比如心情好时,评估打分可能会宽些,心情不好时,可能会严些。也会有一些评估主体评估打分时会比较趋中,评分差异不大,失去评估的意义。或有时会出现墨镜看人和事的现象,或受近因事件的影响,也会有一些"光环现象""隐形人格"等造成绩效评估结果有偏差,等等,诸多评估主体的主观因素都会对绩效评估结果造成影响。

(2)评估体系自身因素

评估体系自身的缺陷是影响图书馆服务"双创"绩效评估结果的直接因素,表现在评估指标体系是否合理完善、指标权重分配是否得当,有些评估指标体系因烦琐不便操作,会影响评估主体参与的积极性。评估目标及标准是否明确,是否仅仅是为了评估而评估,而不是将评估作为提升服务和管理的一种手段,而当成了目的。标准设置是否清晰明了,而不是含糊不清,否则会引起非客观公正的判断。评估结果反馈渠道及形式是否多样,若仅仅为了走形式走过场进行了评估,而不重视评估结果的反馈和运用,那绩效评估就失去了意义,图书馆"双创"服务也失去了改进和完善的机会。所以,评估体系自身的完备性和科学合理性会直接影响评估主体的评估实施是否能有效进行,影响评估结果后期的运用成效,影响评估目标的实现。

(3)图书馆组织因素

首先,图书馆作为"双创"服务绩效评估的组织者和实施者,其自身对绩效评估的重视和管理是影响绩效评估的保障因素。表现在图书馆馆领导是否重视绩效评估活动,如果重视,则不仅会积极向上申请人、财、物的支持,也会向下督促服务馆员认真对待"双创"服务,认真对待绩效评估的实施,否则,会让服务馆员认为绩效评估是可有可无的事,"双创"服务也会成为可做可不做的事情。其次,是否有先前规划和内部管理,先前规划指的是对"双创"服务绩效评估的规划,如多角度建立绩效评估体系,向全馆宣讲绩效评估的目标和意义,做好绩效评估的动员和启动等。内部管理指的是在图书馆内部是否建立绩效评估机构或部门,并建立绩效评估运行机制,如前面撰述的评估程序机制、评估监督机制、评估常态化机制、评估反馈机制和评估信息化机制。若缺少规划和管理,绩效评估很难有效运行。

(4)社会环境因素

广义的社会环境包括社会政治环境、经济环境、文化环境和心理环境等大的范畴,它们与组织的发展也是息息相关的。政治、经济、文化等社会环境因素会直接影响和作用于评估主体的认知、技能,也会直接影响图书馆的组织管理体系,如社会环境因素中的信息环境不仅会影响绩效评估的实施效率,还会影响绩效评估结果数据分析的准确性。社会环境因素是一个综合性的因素,影响面比较广泛,会通过影响评估主体、评估信息化、图书馆组织管理和文化等,进而影响绩效评估的实施和结果。所以,对社会环境因素不能回避,要顺势利用社会环境因素对绩效评估的正向影响作用促进评估的顺利开展。

7.6.2 图书馆服务"双创"绩效评估的应对策略

针对上述图书馆服务"双创"的绩效评估影响因素,提出针对性的改进措施和应对策略,以提高绩效评估的科学性和准确性。

(1)加强对评估主体的培训

评估主体在绩效评估实施中的关键性毋庸置疑,而评估主体的专业素养对评估结果的影响力度也是显而易见的,所以,为了提高评估结果的准确性和客观公正性,需加强对评估主体的培训。对图书馆内部评估主体的培训内容主要包括:对图书馆"双创"服务绩效评估目标及意义的认识、评估指标体系的解读及权重的说明、评估方法的演练、评估标准的强调、评估程序的确认、评估态度的明确等。除理论培训外,还需加强实践应用的锻炼提高,给评估主体创造参与评估实操的演练机会,在实践中积累评估经验,提高评估能力。由于评估主体的主观因素也会影响评估结果的判定,为了避免"居中趋势""偏紧偏松倾向""隐形人格"等现象的发生,可通过观看相关现象的视频,并组织评估主体围绕视频内容展开讨论,分析误差产生的原因,这种通过观看示例的培训效果会好些。对外部评估主体,可直接对委托方提出要求,在满足条件的同等情况下,进行评估主体的优选,并在评估过程中做好监督,确保评估主体的专业性。

(2)重视评估体系的建立

评估体系是绩效评估的工具和指挥棒,对图书馆来说,评估体系的质量对绩效评估的意义起着决定性的作用,若评估体系自身存有问题,即使评估主体业务能力再强,评出的结果也会毫无指导意义,所以要重视评估体系的建立。图书馆服务"双创"绩效评估体系的内容包括评估指标、评估方法、评估实施方法及结果的运用等。对图书馆来说,可借助行业学会、协会的力量,如积极向上级学会、协会申请由学会、协会牵头组织专家制定通用的图书馆服务"双创"绩效评估体系,并由学会专家组成评估主体进行评估的实施。或图书馆内部建立绩效评估部门,做好绩效评估计划和宣讲,让服务馆员认识到绩效评估的重要性和意义,发动服务馆员在充分调研的基础上,依据"双创"服务绩效评估的内容要素进行指标体系的构建,最后由服务馆员和创新创业主体共同完成评估的实施。无论是通过哪种方法,评估体系的指标构成、评估标准、评估方法等都要科学合理,以保证评估指标体系的完整性和实用性。

(3)加强图书馆绩效评估的管理

绩效管理通常被看作是一个循环,从计划到考核,从反馈到落实,再到考核。加强图书馆绩效评估管理目的是让绩效评估处于良性的循环中,通过管理使组织运行效率逐渐提高,进而促进图书馆"双创"服务目标的实现。图书馆领导对绩效评估活动的重视程度会直接影响绩效评估是否能顺利开展,也会影响绩效评估的导向和未来发展。对图书馆来说,加强绩效评估管理应先从领导重视开始,领导重视后才有可能对绩效评估的所有内容及程序进行科学有效的管理,如从先前绩效评估的规划到绩效评估的全员告知、动员,从绩效评估指标体系的建立到评估运行机制的构建,从评估主体的选定到评估实施的监督,从绩效评估结果的运用到评估材料的存档保存等,每个环节都在有计划、有执行、有落实、有总结、有反思中进行,每个环节都在制度保障下运行,使绩效评估活动真正落到实处,起到反思改进的目的,而不是虎头蛇尾走过场,最后落入俗套。

(4)顺势利用社会环境的影响

图书馆作为一个独立的社会组织单位,与社会环境息息相关。在服务"双创"的过程中,服务项目及服务模式的选择会受到诸如创新创业政策、创新创业项目、创新文化氛围等环境的影响,而对"双创"服务绩效的评估同样也会受到来自创新创业主体、其他信息服务机构、创新服务文化、大数据技术环境等影响。基于此,不妨顺势利用社会环境的正向影响促进绩效评估的推进和实施。如利用浓郁的创新创业文化氛围促使图书馆对"双创"服务投入更多,进而促使图书馆不得不思考投入与产出的评估问题;或利用信息化技术建立数字化绩效评估管理系统,随时采集数据随时评估,从评估时效性上激励服务馆员,从评估精确性上修正评估体系;或参考其他信息服务机构的"双创"服务绩效评估内容,建立符合图书馆服务特征的本土评估体系;等等,顺势利用社会环境的正向影响作用促进图书馆"双创"服务绩效评估逐步走向成熟。

8　研究结论及展望

本研究在对国内外图书馆服务"双创"理论研究及实践应用成果分析的基础上,从创新创业主体的服务需求着手,设计基于创新创业主体需求的不同类型的服务模式,并采用"使用与满足理论""价值共创理论""协同理论""社会网络理论",从目标层、技术层、资源层、服务层、需求层进行服务体系的构建和服务策略的探讨,以保障多种服务模式的顺利实施。运用问卷调查法、德尔菲法等对图书馆服务"双创"的能力影响因素进行了分析,构建了基于能力提升的绩效评估体系。

课题研究运用了系统科学理论、用户满意度理论、可持续发展理论等观点,提高了研究的科学性。研究过程遵循循序渐进、系统性原则,逐步深入层层分析,由图书馆与创新创业的相互影响到两者的交互现状分析,再到基于创新创业主体需求的多种服务模式的构建,由"双创"服务体系的构建到能力影响因素的分析,提出了基于能力提升的绩效评估体系及组织实施方案。研究的核心内容为面向不同创新创业主体服务模式的设计和绩效评估体系的构建,研究中不仅有理论指导,也有数据支撑,得出了一些有实践价值的结论,同时也发现还存在值得深入研究的问题及不足之处,本章做简要总结及展望。

8.1　研究结论

本课题的主要研究内容及结论如下。

第一,调研总结三大类图书馆(公共图书馆、高校图书馆、专业图书馆)现有的创新创业服务状况。在服务内容上,有一般的信息资源服务、教育培训指导服务、信息咨询服务、创客空间服务,也有具有知识性的竞争情报分析服务、智库服务、学科服务、知识产权服务,还有具有挑战性的项目孵化服务、专利成果转化服务等。在服务模式上,有创意主导服务模式,也有创业主导服务模式;有独立服务模式,也有协作服务模式;有线下创客空间服务模式,也有线上创新创业平台服务模式;有基础信息服务模式,也有知识服务模式。每种服务模式都有自己的特点,但共性缺点是缺少基于创新创业主体需求及"双创"服务特点的服务模式。

第二,根据地方政府的服务需求、科研人员的科研环境及服务诉求、中小企业转型升级的困境及服务需求、大学生创新创业的服务需求内容及特点,以及社会个体创新创业需求,设计与其需求内容及特点适配性的服务模式,且在每个服务模式中重视创新创业主体的个体特征及需求特点,注重创新创业主体的体验和感受,通过多样化模式吸引和提高创新创业主体的参与度。面向每个创新创业主体类型,设计了至少4种服务模式供各类型图书馆进行实践参考应用。

第三,无论哪种服务模式,都需在良性循环的服务体系中才能得以实现。在服务体系中,包含服务馆员和创新创业主体的人员要素是服务的关键,包含馆藏资源与共享资源的资源要素是服务的基础,包含无形技术与有形技术的技术要素是服务的支撑,包含实体空间与虚拟空间的空间因素是服务的场所,包含组织管理、服务规范、服务理念的管理要素是服务的保障,在服务体系中要处理好上述五要素之间的关系。并依据五要素内容,进行服务体系五层次的构建和技术路线实现探讨,最后提出了从优化组织管理,促进服务目标实现;深挖资源价值,做到多级资源保障;完善交互环境,提供多种服务产品;加强技术合作,促进技术应用创新;培养创新型服务馆员,确保服务效果;积极跨界融合,提升协同服务能力六个方面进行服务体系的架构策略。

第四,图书馆服务"双创"的能力是由服务"双创"的体系决定的,服务"双创"能力的大小直接影响图书馆服务"双创"的效果。根据能力形成的阶段,提出由4个状态变量(人的因素、资源因素、环境因素、服务效果因素),15个因素变量(服务馆员的能力 H1、服务馆员的素养 H2、服务馆员的知识 H3、创新创业主体的人力资本 H4、创新创业主体的心理资本 H5、创新创业主体的关系资本 H6、馆藏资源 H7、共享信息资源 H8、空间资源 H9、技术因素 H10、组织资源 H11、外部环境 H12、内部环境 H13、公众感知度 H14、创新创业主体服务利用意愿度 H15)组成的能力影响因素假设模型,通过对图书馆服务馆员和创新创业主体进行问卷调研获取数据,并对数据的信效度进行验证,同时应用 Smartpls 数据分析软件对构建的能力影响因素模型进行合理性检验。数据结果表明,所提出的 15 个假设都与图书馆服务"双创"的能力成正向影响关系,且相互之间也存在着不同的关系。

第五,服务体系的服务能力如何,绩效评估是最好的检验。基于服务能力提升的评估目标实现需对图书馆"双创"服务进行全面的评价。在遵循科学可行性、全面适用性、客观公正性、动态开放性和绩效优先的构建原则下,依据图书馆服务"双创"的绩效评估内容,经过与专家循证,构建了由 5 个一级指标、14 个二级指标、67 个三级指标组成的图书馆服务"双创"的绩效评估指标体系,应用德尔菲法对指标体系的权重进行了计算和确定。指标体系的构建只是绩效评估的一部分,还需正确的评估方法和评估实施以促进绩效评估功能的完整实现。结合图书馆服务"双创"的特点提出了多主体评估法、360 度反馈评估法、ROI 绩效评估法,并从确立评估主体及标准、建立评估运行机制、重视评估结果运用、注重分析评估影响因素等几方面提出了绩效评估组织实施的注意事项。

8.2　研究局限及展望

学者们对创新创业背景下图书馆服务的开展越来越关注,研究成果也越来越多。本研究虽基于三大类图书馆面向五大类创新创业主体的服务开展,进行了模式设计、能力影响因素分析和绩效评估研究,有理论探索,也有量化研究,但受限于研究团队的研究能力及精力等因素,还存在诸多不足和局限,后续研究仍有较大的发展空间,主要体现在以下几点。

第一,对三大类图书馆服务"双创"的现状调研时,选取的调研对象均为基础较好、建设较好的图书馆,普遍代表性不强。尽管选取的调研对象均是各类型图书馆中服务实践比较好的图书馆,但其服务"双创"的现状与创新创业主体的需求依然存在诸多差距,而其他图书馆,尤其是一些基础薄弱的公共图书馆,所开展的"双创"服务更是堪忧。后续研究有待扩大调研范围,对我国图书馆整体"双创"服务状况进行分析和研究。

第二,在面向大学生创新创业服务模式设计时,本研究主要对某一学校的近八百名大学生进行了创新创业服务需求的调研,受访对象范围有限,样本数据较小,得出的需求结论难免有一定的局限性,且在服务模式设计上,主要从高校图书馆的角度进行了设计,忽视了公共图书馆对大学生创新创业的支持。后续研究有待扩大受访范围及数量,提高研究的代表性,同时关注公共图书馆对大学生创新创业服务的支持,如寒暑假时期对其进行创新创业服务的提供。

第三,在对图书馆服务"双创"的能力影响因素分析时,参与问卷的对象有图书馆服务馆员、中小企业、科研人员、大学生和其他社会个体,缺少政府工作者,服务对象没完全覆盖。收到的有效问卷共 557 份,小于当初的预期,且在数据分析软件应用时,由于使用的软件分析工具有限,加之分析能力因素,制约了研究效率及结果,得出的结论有限。后续研究可扩大调研数据量,加大样本分析数据,利用新工具软件增加发现新价值的可能。

第四,在构建图书馆服务"双创"绩效评估体系中,运用德尔菲法进行权重计算时,选取的对象不完全是图书馆学界的专家,有创新创业主体,创新创业主体在权重打分时难免会出现有失科学性的现象,加之未能进行绩效评估的实证研究,使绩效评估体系仅限制于理论层面的研究。后续可选取某一图书馆进行绩效评估的实证研究,根据研究结果重新修订指标权重或指标内容。

针对研究的不足之处,后续研究将从以下几方面进行改进:

第一,对图书馆服务"双创"的研究持续跟进,着重实践调研,收集更多的数据材料,减少研究误差。关注不同服务模式产生的服务效果,促进更多有价值的发现。

第二,将提出的"双创"绩效评估指标体系进行实践应用研究,而后对处于不同能力等级的图书馆服务"双创"提出针对性的提升策略,用理论指导图书馆服务"双创"更好地实践。

第三,加强对数据分析软件的学习和利用,借助软件工具提高研究数据分析的科学性和研究效率,丰富研究方法。

参考文献

［1］Trott F, Martyn. Aninfommtion service fors mallfirms from public library base［J］. Aslib proceedings,1986(2):43-50.

［2］Dalton G. The small business owner and the role of public library［J］. Mousaion,1989(1):24-39.

［3］Wallace, Eileen. Running a business information service for a rural communityfrom a public library［J］. Business Information Review,2003(3):158-167.

［4］胡念.公共图书馆服务农民创业研究［D］.天津:南开大学,2010.

［5］杨新建.缄默知识观照下的课堂教学理想［J］.教学与管理,2012(24):13-15.

［6］Nonaka Ikjurio. The knowledge—creating Company:How Japanese Companies Creat the Dynamics of Innovation［M］. Oxford:Oxford University Press,1995.

［7］朱华顺.纽约市公共图书馆支持大众创业的实践研究［J］.图书馆建设,2017(11):18-23.

［8］盛卿,侯文军.苏格兰公共图书馆的战略研究与设计思考:基于《目标与机遇:2015—2020苏格兰公共图书馆战略》［J］.图书与情报,2016(2):26-32.

［9］黄如花,王春迎,周力虹.国外公共图书馆开放数据服务实践分析及对我国的启示［J］.图书情报工作,2018,62(13):139-144.

［10］申蓉.美国公共图书馆为创业企业服务的实践及启示［J］.图书馆建设,2015(10):71-74.

［11］朱苟.国外图书馆移动创客空间创建实践研究［J］.图书馆建设,2018(12):70-75.

[12]唐彬,刘亚晶.创业帮扶信息服务推广模式研究[J].图书馆学研究,2007(11):76-77,75.

[13]李妮.关于图书馆开展创业信息服务的思考[J].南华大学学报(社会科学版),2007(2):111-113.

[14]李海育.基层公共图书馆引导农民创业致富的思考[J].农业图书情报学刊,2009,21(3):124-126.

[15]方成罡.论图书馆如何为人参二次创业提供信息服务[J].人参研究,2012,24(4):62-63.

[16]胡婷婷."大众创业、万众创新"背景下的公共图书馆知识服务模式研究[J].企业科技与发展,2016(5):202-204.

[17]贾苹,刘雅静,刘细文,等.科技创新创业早期项目平台:专业图书馆的信息服务新实践:以中国科学院文献情报中心为例[J].图书馆杂志,2017,36(6):14-22.

[18]周卿,金红亚.公共图书馆服务创新创业人群新模式探索[J].图书馆杂志,2018,37(5):62-66,97.

[19]关海燕.公共图书馆面向中小企业创新的知识服务体系构建[J].图书情报导刊,2021,6(6):23-27.

[20]高淑宏.图书馆、资料室要为创业教育服务[J].图书馆建设,2003(4):90-95.

[21]王舒元.创业教育与高校图书馆发展[J].江西图书馆学刊,2004(4):14-15.

[22]任玉梅,秀玲.基于创业教育视阈下高校图书馆优势服务建设[J].江西图书馆学刊,2011(2):54-58.

[23]邓腾彬,曹学艳,李雪梅,等.高校图书馆在大学生创新创业中的角色与作用[J].图书情报工作,2016,60(S1):19-22.

[24]翁畅平.高校图书馆空间再造功能定位与发展模式研究[J].图书馆学刊,2017,39(12):85-89.

[25]刘译阳,王峥,杨雨师.高校图书馆创新创业信息服务驱动下知识库构建模式研究[J].情报科学,2020(2):109-115.

[26]吴卫华,孙会清,崔继方,等."双创"背景下高校图书馆创客空间建设模式及运营策略研究[J].图书馆工作与研究,2020(3):43-48,67.

[27]龚雪竹.国内公共图书馆创客空间发展现状调查研究[J].图书馆学研究,2017(24):60-66.

[28]高爱,王庆涛.高校图书馆大学生创新创业智库服务体系建设:以华南理工大学图书馆"智慧华图"智库服务平台为例[J].现代企业,2017(1):61-62.

[29]江新.高校图书馆创新创业教育服务的动因、历程与路径研究[J].图书馆界,2020(5):39-43.

[30]王雅戈,叶继元,黄建年,等.常熟理工学院索引学社的创新创业实践[J].图书馆论坛,2019,39(11):51-53.

[31]巫娟娟.合肥地区高校图书馆创新创业服务研究[D].合肥:安徽大学,2019.

[32]马振.略谈"万众创新"视野下职业学校创新教育的实践和思考:以苏州高等职业技术学校为例[J].教育现代化,2016,3(40):59-60,73.

[33]刘巧英.面向"双创"的知识发现服务体系构建[J].图书馆理论与实践,2021(6):69-75.

[34]罗铿.高校图书馆文化精准扶贫创新服务研究[J].河北科技图苑,2017,30(3):3-7.

[35]蔡跃洲."互联网+"行动的创新创业机遇与挑战:技术革命及技术—经济范式视角的分析[J].求是学刊,2016,43(3):43-52.

[36]崔萌.数据开放环境下图书馆为中小企业创新的数据服务研究[J].河南图书馆学刊,2019,39(11):74-78.

[37]程晓岚,宁书斐.创新驱动的图书馆创客空间服务新业态[J].情报科学,2018,36(11):35-41.

[38]侯茹.美国高校图书馆创业服务研究及启示[J].图书馆学刊,2018,40(4):138-142.

[39]伊安·约翰逊.智慧城市、智慧图书馆与智慧图书馆员[J].陈旭炎,译.图书馆杂志,2013,32(1):4-7.

[40]陈楠.公共图书馆参与中国特色新型智库建设的实践研究:以陕西省图书馆为例[J].图书馆学刊,2019,41(8):50-57.

[41]刘洪.图书馆为政府提供信息服务的思考[J].图书情报工作,2010,54(9):56-59.

[42]初景利,唐果媛.图书馆与智库[J].图书情报工作,2018,62(1):46-53.

[43]王世伟.论中国特色公共图书馆新型智库建设的定位与发展[J].情报资料工作,2020,41(5):14-22.

[44]陈岘筠.信息时代公共图书馆政府舆情信息服务出路探究[J].图书馆工作与研究,2020(7):14-19,28.

[45]李莉.众心向党自立自强:第五个"全国科技工作者日"活动掠影[J].科学中国人,2021(16):30-33.

[46]何国祥.科技工作者的界定及内涵[J].科技导报,2008(12):96-97.

[47]尤越,贾苹.专业图书馆服务科研机构的创新型实践与探索:以国家科学图书馆与省科院合作联盟为例[J].图书馆工作与研究,2016(3):71-76.

[48]包冬梅.场景化思维:重构学术图书馆与科研用户的连接[J].情报理论与实践,2018,41(5):55-60.

[49]龙春芳.新媒体时代专业图书馆科研服务发展态势研究:基于9家专业图书馆的考察结果[J].绥化学院学报,2020,40(5):132-135.

[50]聂峰英.基于科研团队生命周期的科研服务模型设计[J].图书馆,2016(9):87-91.

[51]马兰,鄂丽君."双一流"大学图书馆科研支持服务现状及优化策略[J].图书馆工作与研究,2019(11):27-34.

[52]张晓林.从数字图书馆到E-Knowledge机制[J].中国图书馆学报,2005(4):5-10.

[53]肖珑,张春红.高校图书馆研究支持服务体系:理论与构建:兼述北京大学图书馆的相关实践[J].大学图书馆学报,2016,34(6):35-42.

[54]赵艳丽,董宏伟,张桂山,等.嵌入科研过程的学科服务研究[J].数字图书馆论坛,2019(12):59-65.

［55］张晓林.建立面向用户科研过程的未来科技信息服务环境:数字化科技信息服务机制的目标情景[J].图书情报工作动态,2005(1):2-5.

［56］于倩倩,贾茹,黄金霞.不同科研场景对数字信息资源的依赖性分析[J].数字图书馆论坛,2014(5):14-19.

［57］陈瑞,刘延滨,柳丹,等.基于微服务架构的湖北省科技资源共享服务平台建设研究[J].中国科技资源导刊,2021,53(1):47-53.

［58］谢守美,李敏,黄萍莉,等.基于科学数据服务的馆员与科研人员协同信息行为研究[J].情报杂志,2020,39(5):183-189.

［59］陆鸣,佟仁城.我国科研院所集群服务保障体系的集约化发展研究[J].科技管理研究,2012,32(6):53-57.

［60］涂中群.区域图书馆:集群概念与创新模式构造[J].南通大学学报(社会科学版),2005(4):151-154.

［61］程艳,陈套,孙金龙,等.科研院所集群服务保障体系研究:基于中国科学院若干研究基地的实证[J].决策与信息,2020(12):79-86.

［62］王飞,王佳,张宁宁,等.新经济发展格局下中小企业高质量发展模式取向研究[J].中小企业管理与科技(下旬刊),2021(4):124-127.

［63］王继承.中小企业2013年度报告[J].中国经济报告,2014(2):61-67.

［64］龚花萍,魏雨晗,刘嘉良.基于竞争情报的企业科技创新过程研究:以科技型中小企业为例[J].现代情报,2019,39(1):118-125.

［65］刘杰磊.图书馆拓展企业创新服务的现状与对策研究[J].新世纪图书馆,2019(10):42-45,59.

［66］李杉杉,高莹莹,鲍志彦.面向协同创新的知识产权服务联盟研究[J].图书馆工作与研究,2018(3):41-46.

［67］刘巧英.国外公共图书馆服务创新创业的实践分析及对我国的启示[J].图书馆学刊,2021,43(2):39-44.

［68］魏东原,祝林,陈嘉琪.专业图书馆为实体经济服务的思索与实践[J].图书情报工作,2019,63(1):111-117.

［69］张善杰,李军华,梁伟波,等.面向企业技术创新的高校图书馆专利信息服务障碍与对策[J].图书馆建设,2020(1):126-131.

[70]朱振宁.面向大学生创新创业的高校图书馆服务设计:以中原工学院为例[J].中原工学院学报,2020,31(4):78-84.

[71]韩胜娟,朱经苹,刘修财.创新创业文化环境的作用机制及测评维度设计[J].西部金融,2018(4):32-35.

[72]谢守美,聂雯.国内图书馆创客空间服务研究现状分析[J].情报探索,2018(3):124-130.

[73]王开颜.面向大学生创新创业(双创)实践能力培养的高校图书馆新服务模式研究[J].图书情报导刊,2020,5(8):14-19.

[74]康英.双创环境下高校图书馆精准知识服务的影响因素及作用路径研究[J].情报科学,2019,37(9):54-61.

[75]肖平,樊振佳.面向大学生创新创业的高校图书馆数字人文教育服务研究[J].图书馆学研究,2019(14):71-76.

[76]徐畅,孙振领.面向创新创业的大学生信息素养教育模式研究[J].图书馆界,2020(3):12-15,32.

[77]姜董勇.面向创新创业的中美高校图书馆服务实践与比较研究[J].图书馆学刊,2019,41(1):138-142.

[78]沈巧巧.高校艺术类专业创新创业教育模式研究[J].创新创业理论研究与实践,2020,3(15):138-140.

[79]杜敏.社会信用对我国大众创业活动影响研究[D].长沙:湖南大学,2017.

[80]杨喆.大学生个体特征对企业动机的影响机理的实证研究[D].杭州:浙江理工大学,2012.

[81]叶洪信.万众创新创业与高校图书馆服务[J].图书与情报,2015(1):134-135,141.

[82]王培林.创客空间理念对公共图书馆隐性知识转移的启示[J].图书馆,2017(2):33-38.

[83]刘巧英.高校图书馆"双创"服务中价值共创实现研究[J].图书馆工作与研究,2021(1):13-18,49.

[84]王剑程,王丹.众创空间服务价值共创过程及保障机制研究:基于价值

网视角[J].价值工程,2019,38(12):43-46.

[85]徐双,刘勇.基于用户参与视角的图书馆营销路径与策略研究[J].图书馆理论与实践,2012(2):16-18.

[86]马琳.基于内容策展的公共图书馆社群服务模式研究[D].长春:吉林大学,2019.

[87]吴含.协同学习五"场"视域下的图式迁移探究[J].太原城市职业技术学院学报,2013(6):106-107.

[88]刘巧英.用户参与式图书馆"双创"服务模式研究[J].图书馆工作与研究,2022(2):15-21.

[89]武文珍,陈启杰.价值共创理论形成路径探析与未来研究展望[J].外国经济与管理,2012,34(6):66-73,81.

[90]唐方成,蒋沂桐.虚拟品牌社区中顾客价值共创行为研究[J].管理评论,2018,30(12):131-141.

[91]白列湖.协同论与管理协同理论[J].甘肃社会科学,2007(5):228-230.

[92]张禄芬.面向大学生移动阅读的高校图书馆自媒体服务体系研究[D].镇江:江苏大学,2019.

[93]杨文建,邓李君.图书馆空间发展历程与趋势[J].国家图书馆学刊,2019,28(1):27-36.

[94]乔华.图书馆虚拟空间的架构描述及创新服务研究[J].图书与情报,2021(3):121-124.

[95]刘巧英.面向创新创业的高校图书馆服务能力体系再构建[J].高校图书馆工作,2021,41(4):59-63.

[96]马秀峰,钟欢,张镨心.智慧视域下高校图书馆学科服务模型:诉求与架构[J].图书馆学研究,2020(19):66-71.

[97]陈思彤,那春光."985"高校图书馆组织机构设置的调查与思考[J].图书情报工作,2018,62(4):50-56.

[98]陆柳杏,石宇,李济远,等.人机交互研究中的眼动追踪:主题、作用、动向[J].图书情报工作,2020,64(1):113-119.

[99]曾韦靖,刘敏榕,陈振标.高校图书馆创客空间知识服务模型研究[J].

情报探索,2021(9):117-122.

[100]孙瑞英,王浩.面向"双创"实践的高校图书馆冗余资源开发与情报服务研究[J].情报科学,2018,36(11):48-53,114.

[101]张晗,毕强,许鹏程,等.图书馆知识发现系统与用户交互模型构建[J].情报科学,2018(4):15-23.

[102]肖婵.图书馆联盟开展技术合作的实践研究[J].图书馆建设,2021(2):168-174.

[103]赵莉娜,徐士贺.区块链技术下高校图书馆精准信息服务路径研究[J].图书情报工作,2021,65(10):31-37.

[104]尤晶晶.大学图书馆面向年轻馆员的人才培养策略探析:以上海交通大学图书馆为例[J].大学图书馆学报,2021,39(3):34-39.

[105]蔡迎春.赋能与重塑:智慧服务下馆员培训体系再思考[J].国家图书馆学刊,2021,30(3):34-41.

[106]赵洪林.图书馆学科化服务评价与反馈机制[J].图书馆学刊,2013(3):84-87.

[107]吴新年.图书馆知识服务能力体系结构及关键影响因素分析[J].图书与情报,2009(6):41-44,77.

[108]徐黎思.信息服务生态链功效的影响因素及提升策略[J].图书情报工作,2011(4):19-23.

[109]吴玉萍,何杨煜琪,石义金.基于系统动力学的移动图书馆信息服务能力影响因素研究[J].数字图书馆论坛,2018(4):14-20.

[110]张旭.高校图书馆智库型服务体系构建及能力评价研究[D].长春:吉林大学,2019.

[111]蒋知义,曹丹,邹凯,等.智慧图书馆馆员胜任力双螺旋模型构建[J].图书馆,2020(12):34-41,66.

[112]宋丁伟,宋新平,刘桂锋,等.企业情报人员胜任力模型的构建与实证研究[J].图书馆学研究,2014(8):97-101.

[113]杨博.户外领队岗位胜任力模型构建研究[D].成都:成都体育学院,2021.

[114]肖珑,张宇红.电子资源评价指标体系的建立初探[J].大学图书馆学报,2002(3):35-42,91.

[115]周瑛,刘天娇.基于神经网络的高校图书馆知识服务评价体系研究[J].情报理论与实践,2013(2):55-59.

[116]王素芳,孙云倩,王波.图书馆儿童阅读推广活动评估指标体系构建研究[J].中国图书馆学报,2013(6):41-52.

[117]肖希明,文甜.信息资源共享系统绩效评估的理论意义与实践原则[J].图书情报工作,2009(19):10-13,76.

[118]罗贝宁,邓胜利.用户满意度理论发展与应用研究[J].图书情报工作,2005,49(4):23-25.

[119]曾利军,张世梅,陈天勇.大学生自主创业的激励措施研究:基于成本收益理论[J].中国商论,2020(9):175-177.

[120]豆文奇.政府绩效评估的理论支撑探析[J].中共山西省直机关党校学报,2013(4):35-37.

[121]柯平,宫平.公共图书馆服务绩效评估模型探索[J].国家图书馆学刊,2016,25(6):3-8.

[122]朱衍强,郑方辉.公共项目绩效评价[M].北京:中国经济出版社,2009.

[123]盛运华,赵宏中.绩效管理作用及绩效考核体系研究[J].武汉理工大学学报,2002,24(2):90-91,98.

[124]岳修志.阅读推广活动管理绩效评价要素和内容分析[J].国家图书馆学刊,2019,28(2):32-38.

[125]柯平.图书馆战略管理[M].北京:海洋出版社,2015.

[126]甯佐斌,文强.图书馆经济效益评估方法、趋势及建议[J].图书馆建设,2016(1):33-38.

[127]马蓉.图书馆的社会功用及经济效益评估:《图书馆战略管理》荐读[J].情报理论与实践,2021,44(11):204.

[128]谢琨,刘思峰,梁凤岗.企业社会责任和可持续发展绩效管理体系[J].生态经济,2009(10):44-47,51.

[129]丛敬军,尤江东,方义.智慧图书馆建设成熟度评价指标体系构建研究[J].图书馆论坛,2021(8):1-10.

[130]孟祥业.基于AHP-模糊数学的图书馆服务质量综合评价研究[J].现代情报,2009,29(10):124-127.

[131]程丹丹.基于模糊多属性决策方法的图书馆员服务绩效评价研究[J].农业图书情报学刊,2015(1):186-189.

[132]王岚.基于平衡计分卡的图书馆创客空间信息服务绩效评估研究[J].大学图书情报学刊,2018,36(6):15-21.

[133]李迎迎,王焕景,郑春厚.高校图书馆数字资源服务的拟熵权模糊综合评价[J].图书馆论坛,2014,34(5):71-78.

[134]贺秀英,王晓文,呼翠侠.基于模糊语义法的高校图书馆电子资源绩效评价研究[J].情报理论与实践,2016,39(2):113-115.

[135]周庆梅,王克奇.图书馆数字资源服务绩效模糊神经网络评价研究[J].情报科学,2015,33(2):41-45.

[136]张春友,闫伟,吴晓强,等.基于SVR的图书馆数字资源服务绩效评价方法[J].现代电子技术,2018,41(22):21-24,29.

[137]闫现洋,余小萍.基于DEA方法的高校图书馆学科馆员服务绩效评价研究:基于西南大学图书馆学科馆员的实证分析[J].情报理论与实践,2011(2):88-92.

[138]李易宁.360度反馈评价法在学科馆员绩效考核设计中的应用[J].情报杂志,2008(12):34-36.

[139]岳修志.基于公共项目视角的阅读推广活动绩效评价体系框架研究[J].大学图书馆学报,2018,36(6):69-75,12.

[140]郭向勇.高职高专院校图书馆绩效评价方法研究[M].北京:电子工业出版社,2017.

[141]戚敏仪.图书馆面向未成年人阅读障碍症群体服务评价指标体系构建与实证研究[J].情报探索,2021(3):99-106.

[142]余爱嫦.基于投资回报的公共图书馆绩效评估与实证分析[J].图书与情报,2014(4):43-48.

[143]罗昆.略论我国公务员绩效评估运行机制的完善[J].湖南广播电视大学学报,2007(1):86-88.

[144]袁强.第三方评估运行机制与实践规制的理性建构[J].中国教育学刊,2016(11):33-38.

[145]林金瑞.公共图书馆绩效评价影响因素与实施策略研究[J].图书馆研究,2019,49(6):54-58.

[146]陶应虎,顾晓燕.公共关系原理与实务[M].北京:清华大学出版社,2006.

后　记

服务对图书馆来说是个常谈常新的话题,也是图书馆永恒的主题。站在历史发展的交汇点,面对新的经济发展态势,图书馆迎来了前所未有的发展机遇。面对蓬勃发展的大众创新创业活动和创新创业服务需求,图书馆不能置身事外,更不能避而远之,而应主动承担社会责任,履行新的服务使命,开发智力资源,利用自身多种优势为创新创业主体提供符合其需求内容及需求特点的服务项目,且在服务中重视创新创业主体的体验和感受,注重服务效果和社会效益。通过高质量的"双创"服务内容提升图书馆的社会地位和服务形象,进而推进图书馆事业的蓬勃发展。

在实际开展"双创"服务的过程中,有些图书馆难免会迟疑,会出现不知如何服务,或不知采用何种服务方式的窘况。本书针对有些图书馆是否要开展"双创"服务的疑问,详尽阐释了服务创新创业对图书馆转型发展的有利影响,并从图情角度分析了创新创业的内涵,以及图书馆服务与创新创业的融合点,帮助其消除顾虑,找准服务方向。针对不知如何服务的问题,书中设计的二十几种"双创"服务模式可供各类图书馆进行实践探索,每种服务模式的应用注意事项也有描述。"双创"服务的开展离不开服务体系的构建,也不能不考虑"双创"服务能力的影响因素,以及"双创"服务的绩效评估,这些图书馆"双创"服务过程中的实际问题文中也都一一做了论述。上述研究成果在为图书馆"双创"服务实践提供理论指导的同时,也丰富了图书馆服务的研究内容。

书中的调研数据均来自一手的问卷和采访资料,数字翔实可靠,为研究提供了很好的支撑。这些珍贵数据的采集在项目研究团队及同行的帮助下得以完成,在此深表感谢!苦于对数据分析软件应用不够专业,不能深入挖掘数据背后的多重应用价值,不免有些遗憾。

在研究过程中,作者所在的单位中原工学院为研究资料的获取和研究的完成提供了坚实的保障,同时,幸遇团队的支持、良师的指导,以及同事们的帮助,使本研究历时五年终于完成。整个研究过程中,虽有理论探索,也有量化研究,但受限于研究能力及精力等因素,还存在诸多不足和局限,在此希望得到同行的指导以便继续深入研究。

刘巧英

2022 年 3 月

2022 年 3 月